片塚ⓓ愛意

生まれた年・月・日から導き出される「個性」を、
推測統計学というアプローチから初検証。

誕生日が教える あなたの天命

致知出版社

★ピーチスノウの記号早見表★

スノウカラー

★	= Ⓟ	= パープル（紫）
★	= Ⓣ	= ターコイズ（緑青）
★	= YG	= イエローグリーン（黄緑）
★	= Ⓞ	= オレンジ（橙）
★	= RO	= レッドオレンジ（赤橙）
★	= Ⓨ	= イエロー（黄）
★	= Ⓘ	= インディゴ（青紫）
★	= BG	= ブルーグリーン（青緑）
★	= Ⓑ	= ブルー（青）
★	= Ⓜ	= マゼンタ（赤紫）
★	= Ⓡ	= レッド（赤）
★	= Ⓖ	= グリーン（緑）

ピーチコア

木	= **Tree**	= T^+（ストレート）／ T^-（ソフト）
火	= **Fire**	= F^+（ピース）／ F^-（ロマン）
土	= **Earth**	= E^+（ヒューマン）／ E^-（リアル）
金	= **Metal**	= M^+（パワフル）／ M^-（プライド）
水	= **Water**	= W^+（ダイナミック）／ W^-（ロジカル）

あなたの「スノウカラー」を44ページの早見表でチェックしてから
照らし合わせてみてください。

★「個性の十二分類」★

ここでは「スノウカラー」の各色の「個性」や「才能」を紹介します。

P
ファンタジー
パープル（紫）

魂の自由を求める個性
（自由奔放）

パープル（紫）の色エネルギーを持った人は、独特の世界観と美意識を持つ、芸術家肌の人です。鋭い直観力を持ちながらも、周囲との和も大切にします。ただし、細かい指示を与えられるのが苦手で、自由な環境下で才能を開花させる人です。

T
オリジナル
ターコイズ（緑青）

独自の世界観を持つ個性
（マイペース）

ターコイズ（緑青）の色エネルギーを持った人は、まわりに左右されず、自分にしかできないオリジナリティーを発揮して、ナンバーワンを目指します。「自分は自分、他人は他人」という境界線のはっきりした考え方をし、独自の哲学で人生を歩む人です。

YG
ラブリー
イエローグリーン（黄緑）

正直で裏表のない個性
（愛されキャラ）

イエローグリーン（黄緑）の色エネルギーを持った人は、いつでも周囲に愛情を注ぎ、なおかつ周囲からも大切にされたいと願っています。常に自然体で、愛らしく無邪気に、正直で裏表のない生き方をします。ノルマやプレッシャーを嫌う傾向にありますが、感受性が強く、周囲をよく観察し、無駄な駆け引きや争いごとは好みません。

RO スピーディー レッドオレンジ（赤橙）

好奇心旺盛な個性
（切れ味鋭い）

レッドオレンジ（赤橙）の色エネルギーを持った人は、チャレンジ精神が旺盛で、行動もすばやく、何事もポジティブに取り組みます。成功願望が強く、負けず嫌いで、プライドが高いのが特徴です。我慢することは苦手ですが、華やかなムードがあり、特別な輝きを持っています。

O フレンドリー オレンジ（橙）

仲間を大切にする個性
（明るい突破力）

オレンジ（橙）の色エネルギーを持った人は、楽天的で陽気な性格です。人を喜ばせることが好きで、誰に対してもフレンドリーに振る舞うことができます。今を楽しむことが第一で、フットワークが軽いのが特徴です。年をとっても精神的な若さを失わず、何事にも持ち前の明るさで乗り切っていきます。

Y スマート イエロー（黄）

聡明な発想力を持つ個性
（かっこよく生きたい）

イエロー（黄）の色エネルギーを持った人の個性は、人間の一生に例えれば青春時代。スマートで格好良いことに憧れる若々しい個性です。前向きで発展的な考え方をし、聡明な発想力には群を抜いたものがあります。流行にも敏感で、ユーモアに富んだ会話を楽しむことができます。

I パーフェクト
インディゴ（青紫）

分析力に優れた個性
（厳格であるが細かすぎない）

インディゴ（青紫）の色エネルギーを持った人は、冷静で決断力に優れています。人当たりは柔らかい人もいますが、現実を見通す目は非常に鋭く、常に論理的な判断をします。用心深く自分の役目を果たすので、組織のトップでも補佐役でもその力を発揮します。プライドが高く、完全を目指すので、自分にも周囲にも厳しく接する傾向にあります。

BG バランス
ブルーグリーン（青緑）

バランスのとれた個性
（悠然とした）

ブルーグリーン（青緑）の色エネルギーを持った人の個性は、人間の一生で言えば、中年期に入り、落ち着きとバランスを兼ね備えた状態。誠実で義理堅く、優れたバランス感覚の中に、並外れた強さを秘めています。人間関係でも、上手にバランスを取ることができ、平等に対応するので、この人の意見は多くの人を納得させます。

B コミュニケーション
ブルー（青）

成熟した人間関係の個性
（不思議な存在感）

ブルー（青）の色エネルギーを持った人は、不思議な存在感を持っています。コミュニケーション能力が高く、秩序を重んじ、経験を重視する傾向にあるので、周囲から信頼を集めます。その分、頼まれると断れないことも多く、気苦労も重ねますが、粘り強く、謙虚にふるまいながら、多くの場所で自分の力を活かすことができます。

M マゼンタ《ドリーム》（赤紫）

現実を見ながら夢想する個性
（夢と現実のはざま）

マゼンタ（赤紫）の色エネルギーを持った人は、ロマンティストであると同時に、現実的な視野を持った人です。夢を叶えるための長期的展望を持ちながら、しっかりと自分の役割を果たし、人生の土台を築いていくことができます。包容力があり、サービス精神も旺盛なので、夢想する現実主義者とも手堅いロマンティストとも呼ばれます。

R レッド《パッション》（赤）

大胆な行動を伴う情熱の個性
（突き進む情熱）

レッド（赤）の色エネルギーを持った人は、一言で言えば情熱家。何事においても全力投球で取り組むタイプです。「せっかちな人」と見られることもありますが、常に目の前のことに没頭しているだけで、本人に悪気はありません。忍耐力は強く、目標を達成するために徹底した努力を続け、ときに大胆な行動で活動を続けます。

G グリーン《ヒューマン》（緑）

人間愛に目覚める個性
（まじめで優しい）

グリーン（緑）の色エネルギーを持った人は、人とのふれあいを大切にする優しい人です。誠実でおだやかな助け合いの精神を持ち、協力しあう人生を好む傾向にあります。新しいことに対しては事前に入念な調査を行い、用心深い対応をします。誠実で安心感のある紳士的な平和主義者なので、調整役として力を発揮します。

★個性の4グループ★

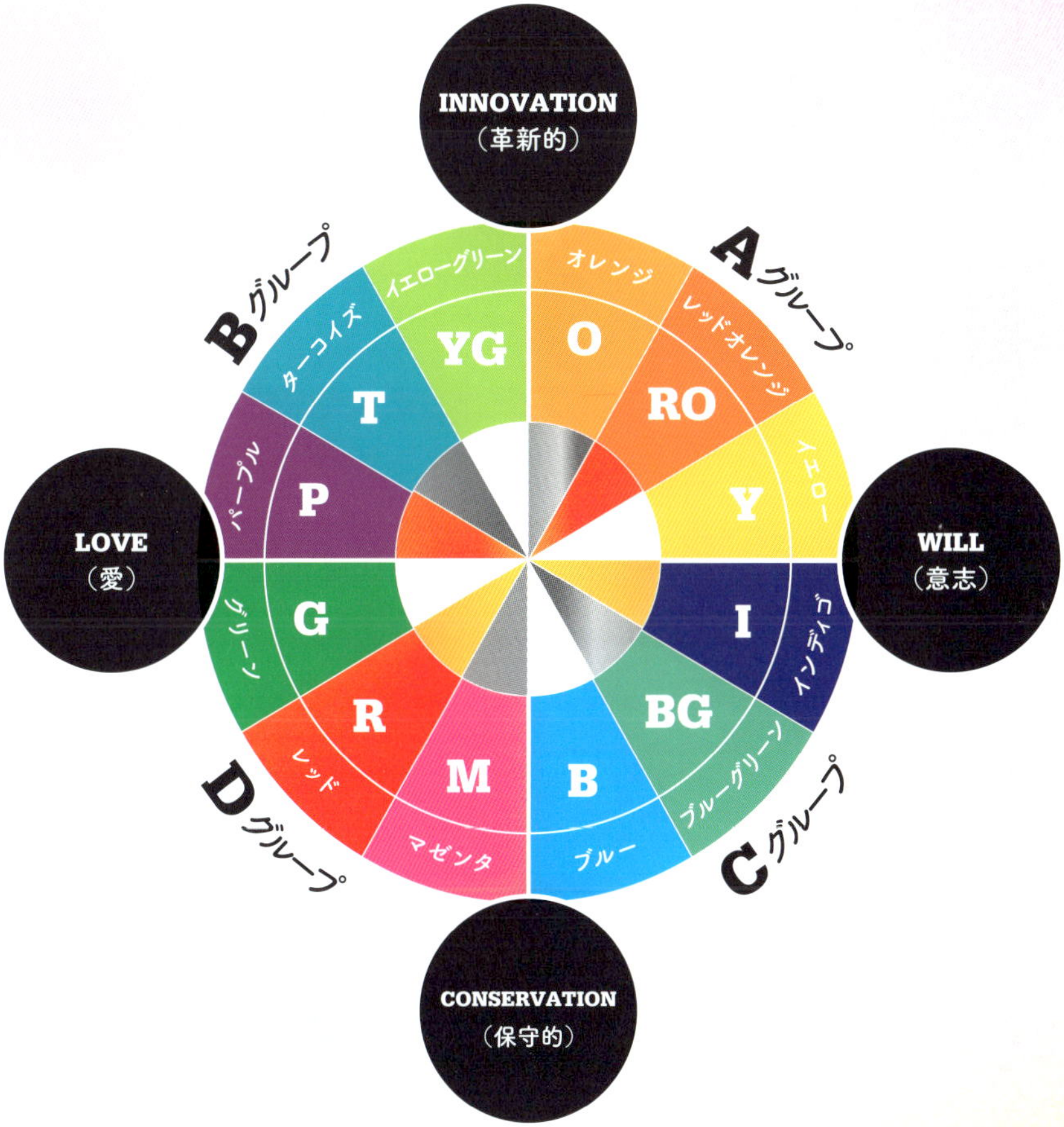

Aグループ	アクティブユース
Bグループ	ベビーエンジェル
Cグループ	コントロールボス
Dグループ	ディフェンスアダルト

★個性の3タイプ★

個性の3分類では、以下の3タイプに分けられます。

ゴールドタイプ Gold

フィーリング（感覚）を大切にする

RO レッドオレンジ
P パープル
I インディゴ
R レッド

★キーワード：**BIS**（ビス）★

Bright（ブライト＝輝き）
すべての中心でいつも輝いていたい。スケールの大きなことをしたい。

Inspiration（インスピレーション＝ひらめき）
臨機応変に考えノリで行動する。面倒なことは省き、手っ取り早い方法を探す。

Status（ステータス＝地位）
まわりから一目置かれたいと考え、立場や上下関係には敏感に対応する。プライドや肩書き、世間からの見え方を気にする。

プラチナタイプ Platinum

リアリティ（現実）を大切にする

O オレンジ
T ターコイズ
BG ブルーグリーン
M マゼンタ

★キーワード：**ACE**（エース）★

Ability（アビリティ＝実力）
自分の世界を築き、目標に向かってやりがいのある生き方をしたい。

Cost performance
（コストパフォーマンス＝費用対効果）
結果を得るために無駄を省き、効率の良い行動をする。

Economy（エコノミー＝経済）
形のある価値（お金や財産）を求め、ギブアンドテイクでしっかりと損得の計算ができる。

クリスタルタイプ Clystal

コンセンサス（意見の一致）を大切にする

Y イエロー
YG イエローグリーン
B ブルー
G グリーン

★キーワード：**PCH**（ピッチ）★

Process（プロセス＝過程）
結果よりもそこに至るまでのプロセスを大切にする。

Concept（コンセプト＝理念）
理念や原理原則を重視して考え、行動する。

Human（ヒューマン）
人柄や人間性を評価して欲しい。

はじめに

突然ですが、人生における「最大の偶然」とは、何だと思いますか。

人生のスタートである誕生、生まれてきたということではないでしょうか。それは「私が私である」ということではないでしょうか。端的には、生まれてきたということですが、私はほかのだれでもない「私」としてこの世に出現しました。これが人生最大の偶然だと思います。当たり前のようですが、実は深い意味が隠されています。

本書は「誕生日」からその人の個性や相性を知るコンテンツ「ピーチスノウ」についてご紹介するものですが、まずは生まれるということを考えてみたいと思います。

生命は、精子が卵子と結びついた1つの細胞（受精卵）から始まりますが、精子は精巣の中でおよそ74日間かけて精原細胞から精子となり、毎日5000万〜1億個もつくられています。

一方、卵子のもととなるのは原始卵胞と呼ばれるもので、女性は一生分の原始卵胞をあらかじめ持って生まれ、排卵された卵子だけが子宮の中で24時間だけ生きることができます。

受精の時、精子の数は1〜5億個とも言われますが、子宮頸部《けいぶ》に到達する前に約99%が死滅し、子宮まで到達できるのは数千〜数十万、排卵期に卵子に到達できるのはおよそ数十〜数百です。そして、その中からたった1つが卵子と結合します。

それぞれの細胞には23対の染色体があり、染色体の中には遺伝子が何百もあるそうで、その組み合わせとなると、数百兆に及びますが、その数百兆の可能性の中から一個の生命が誕生するわけです。

途方もない確率の中から一個の存在として生まれるのですから、奇跡と言っても過言ではありません。そして、たまたま「私」として現れたのです。

さらに、「人生最大の偶然」には、宇宙の誕生（ビッグバン）から始まった「完璧な偶然」（大いなる奇跡）という壮大な背景が控えています。

ビッグバンについての解説によると、ビッグバンの瞬間に作られた粒子の数がわずかでも異なっていたら、宇宙は崩壊していたと考えられています。地球が形成されることもなく、生命が誕生することもなかったでしょう。

はじめに

そこからさらに数々の偶然が連続して発生し、それがジグソーパズルのようにピタリと収まって、いうなら「世界」が登場したわけです。

それが「私」につながるのですが、私を私とした鍵は誕生日にあります。意図的に生まれる日を選んだという人はいません。たまたま、ある日に生まれたのですが、その偶然こそが「絶対」性を持って、私を私とするもの＝「個性」をつくっています。

個性は、「ひととなり」人のありようを表す言葉ですが、気質や性格、性質、人格など様々な側面を持っています。英語では気質、性格、性質などをキャラクターと表現し、人格や人柄、そして個性をパーソナリティと表現します。キャラクターは先天的な要素が強いもの、パーソナリティは様々な経験によって形成されていく後天的な要素によるものとされています。

キャラクターであれ、パーソナリティであれ、あなたをつくる要因は次のものからきています。

①親から引き継いだ遺伝的要因
②幼少期からの養育環境、家庭環境
③学生生活、職場環境、友人などからの影響

④ セルフイメージなどの自意識的要因
⑤ 生まれ持って備わった先天的要因で遺伝以外のもの

本書ではこの⑤の要因だけを取り上げて、生年月日から「個性」を推察していきます。ですから、一般的にいう「個性を伸ばす」という場合の個性やパーソナリティという後天的に形成された個性という意味合いとは異なり、壮大な偶然をくぐり抜けてあらわれた、たったひとつの「いのち」に備わった意味や役割、天命を見据えたものとしての「個性」です。

ピーチスノウで表現される個性について、ご自身の実感と比べて違和感を持つ方もおられるでしょう。

例えば裁判官という仕事を長年にわたって務められてきた方が、本来の個性である明るさや楽天性を封印して厳格な人柄として生きてきたということもあるでしょう。しかしここでは誕生日から導き出される「個性」をクローズアップすることで、本来のあなたについて分析してみようと思います。

「ピーチスノウ」というコンテンツでは、誕生日に基づいてそれぞれの個性を12種類のカラーと10種類の記号を使って表現します。これを「パーソナル・キューブ」と呼んでいますが、この組み合わせは5ー60種類あります。個性や相性の特性を知るための大いなる手がかりです。今回は、その中の基本となる60種類を読み解いていきます。

はじめに

さて、誕生日から人の個性や相性などを読むコンテンツは、古今東西、昔からありました。例えば、四柱推命、西洋占星術（アストロロジー）、九星気学、算命学……などです。新しいところでは、数秘学（ヌメロロジー）、六星占術、天星術、個性学、動物占いなどが挙げられるでしょう。

中でも四柱推命は、3000年前の中国、周の時代に生きた古代の人々の知恵とインスピレーションによって生まれた「周易」をもとにして、現代まで人々の運命を占うコンテンツとして活用されています。四柱とは生まれた年・月・日・時刻の4つの柱（情報）のことです。

文明の発達した現代では、こうしたコンテンツは非科学的な迷信として扱われがちですが、考えてみますと、人類の学問で最も古いものの一つが天文学で、それは天（空）からのメッセージ（文）を解き明かす学問です。古代の人々は、生命の誕生は天のリズムや天の位置に呼応したものであることを、深いところで感知していたのだと思います。

　このようなコンテンツに対して、科学的にアプローチする手法もあります。その一つが推測統計学です。一定のサンプルをとって確率分布を推定し、それらをもとに全体を知る手法で、選挙速報やテレビの視聴率調査で行われています。選挙速報では、出口調査をもとに全体の投票結果を推測し、視聴率調査はビデオリサーチ社が全国一万世帯に計測器を設置し、その結果から全国の視聴率を総合的に判断します。

　本書では、この推測統計学を用いながら説明しています。誕生日をテーマにした多くのコンテンツは、過去に推測統計学的に検証された形跡があまり見当たらないのですが、ピーチスノウの特徴は、推測統計学という科学的なアプローチによってそれが検証されているところです。

　科学的な態度に従って、本書ではこの四柱の中の時刻の情報は省いて考察していきます。なぜなら人の誕生時刻の情報が一般に存在せず、客観的な検証が不可能だからです。

　人が生きる意義とは、天意、天命を知る＝人生の意味を知ることだと思います。大宇宙の中に生まれたことの意味をピーチスノウというコンテンツを手がかりに見つけていただければ幸いです。

私、あなたという、一個の存在がいかに絶対的でかけがえのないものか。本書を綴る中で、いのちを生んでくれた大宇宙への感謝と、今日をともにする生命の仲間への愛情がどんどん膨らんでいきました。それが、宇宙が生命を生み育む本質かもしれません。

※この本の中では、数多くのところで著名人の生年月日を掲載しています。歴史上の人物は現在の太陽暦に直した生年月日で掲載しているので、人名事典などに記述の生年月日と異なることがあります。

誕生日が教えるあなたの天命
運命を好転させる秘訣ここにあり

はじめに ―― 9

STEP 1 天命を知る

天命とは ―― 20
誕生日の奇跡 ―― 21
生命、壮大な物語 ―― 23
心の法則 ―― 26
幸せとはなにか ―― 28
運を引き寄せる ―― 30

STEP 2 ピーチスノウ概論

ピーチスノウとは ―― 34
推命学 ―― 36
色彩人間学 ―― 37
あなたのピーチスノウを読み解く ―― 39
スノウカラー（本質の色） ―― 41
ピーチコア（本質の核） ―― 50

STEP 3 12カラーで有名人を分析する

ファンタジー　パープル ―― 62
オリジナル　ターコイズ ―― 68
ラブリー　イエローグリーン ―― 72
フレンドリー　オレンジ ―― 78
スピーディー　レッドオレンジ ―― 84

スマート イエロー 88
パーフェクト インディゴ 94
バランス ブルーグリーン 99
コミュニケーション ブルー 104
ドリーム マゼンタ 108
パッション レッド 114
ヒューマン グリーン 118

STEP 4 シンクロニシティとゼロ・ポイント・フィールド仮説

シンクロニシティとは 128
ゼロ・ポイント・フィールド仮説 130
シンクロニシティの事例 133
私の体験談 141

STEP 5 個性の4グループ・3タイプ

愛と意志 152
保守と革新 156
個性の4グループ 159
個性の3タイプ 166

STEP 6 個性の3タイプで歴史を分析する

クリスタルタイプが成し遂げた明治維新 174
ゴールドタイプが主導した大東亜共栄圏構想 181
プラチナタイプが活躍した戦後復興 189

STEP 7 有名人の相性分析

相性とは 204
陰陽五行説とは 207
夫婦関係に見る様々な相性のカタチ 211
1.「親友相愛」のパターン 212
2.「ライバル対等」のパターン 216
3.「妻から夫へ『貢献援助』する・夫から妻へ『支配干渉』する」のパターン 219
4.「夫から妻へ『貢献援助』する・妻から夫へ『支配干渉』する」のパターン 225
芸能界に見る相性の相関図 232
政治家・経営者・歴史上の人物の相性分析 246

STEP 8 データで読み解くピーチスノウ

ホームランバッターをピーチスノウで分析する 266
有名司会者のスノウカラーを分析する 268
有名小説家のスノウカラーを分析する 271

●おわりに 276
●参考文献 281
●統計データ 283

STEP

1

天命を知る

天命とは

天命と言い、運命とも言います。辞書的な解釈をすると、天命とは、天が人間に与えた使命。運命とは人間の意志を超越して人に幸や不幸を与える力、その力によってめぐってくる運のことです。

どちらも「命」という字が使われています。「命」をメイと読むときは、天命や使命、運命など、天意をあらわすものを示しています。人智を超えた、超越的な力とでも言えばいいでしょうか。この天意が「命」という文字であらわされていることに私は一つのヒントを見いだせるように思います。

命《いのち》こそが、天意に他ならないということです。天意をもって生まれる、それが命とするなら、私たちはもともと、天命をインプットされた存在だろうと思います。

では、インプットされたのはいつでしょう?

それが誕生日です。命が「個性」としてあらわれたのが誕生日だからです。ここでいう誕生日は、毎年の「ハッピーバースデー」ではありません。生涯に一度、胎内で系統発生という進化の歴史をくぐりぬけてこの世界にあらわれた、その出来事のことです。

誕生日の奇跡

お釈迦様のエピソードに「盲亀浮木《もうきふぼく》」というものがあります。

ある時、お釈迦様が弟子である阿難《あなん》に、「そなたは人間として命を授かったことを、どのように思っているか」と尋ねられました。

「大変喜んでおります」。阿難が答えると、お釈迦様はまた、「どのくらい喜んでいるか」と尋ねられました。

そして黙した阿難にこんな話をされました。

「果てしなく広がる海の底に、1匹の目の不自由な亀がいる。その亀は、100年に1度、息を吸いに海面に顔を出すそうだ。

ところがその大海には一本の丸太棒が浮いていて、丸太棒の真ん中には、小さな穴があいている。丸太棒は、風のまにまに、波のまにまに、西へ東へ、南へ北へと、漂っている。

阿難よ。一〇〇年に一度浮かびあがるこの亀が、浮かび上がった拍子に丸太棒の穴に、ひょいっと頭を入れることがあると思うか？」

「お釈迦様、そのようなことはほとんど不可能で、とても考えられません」

阿難は驚いて、答えました。

「絶対にない、と言い切れるか」。お釈迦様が念を押されると、「何億年、何兆年の間には、ひょっとしたら頭を入れることがあるかもしれません。しかし、『ない』と言ってもいいくらい難しいことです」

ここでお釈迦様はこう言われたそうです。

「誰もが、あり得ないと思うだろう。ところが、阿難よ。私たちが人間に生まれることは、この例えよりもさらに難しい、とても有り難いことなんだよ」

私たちが日常に使う「ありがとう」は、この「有り難い」から来ています。

生命、壮大な物語

生命の歴史を少し振り返りましょう。どこに始点を置くか……宇宙のはじまり、ビッグバンです。宇宙の誕生はおよそ138億年前と考えられています。アメリカの天文学者、カール・セーガン博士（1934〜1996年）は、この宇宙の歴史をわかりやすいように1年に縮めて「宇宙カレンダー」をつくりました。このスケールでは1秒が約437・5年、1日が約3780万年となります。

1月1日（138億年前）がビッグバン＝宇宙のはじまりです。それからの主な出来事は、1月22日（128・5億年前）に最初の銀河の誕生。3月16日（110億年前）銀河系の形成。それから9月2日（45・7億年前）にようやく太陽系の形成（地球の誕生）です。9月21日（38億年前）原始生命が誕生、そこから生物は進化していきますが、12月30日（6500万年前）に恐竜などの大絶滅が起き、その後霊長類があらわれ、チンパンジーから分かれて、原人と呼ばれるグループが誕生したのが22時24分、ホモ・サピエンスの登場は23時52分（20万年前）のことです。

なんとも壮大な物語です。宇宙がなぜ生まれたかは究極の謎ですが、一度きりということは偶然のなせる業であることを物語っているようにも思います。すべての生物もたった一つの原始生命から始まっています。単細胞の細菌のような有機体にすぎませんが、Last Universal Common Ancestor（全生物最終共通祖先）の頭文字をとって「ＬＵＣＡ」と名付けられました。

これも、条件が見事に整った偶然のなせる業といわれるゆえんです。宇宙誕生から地球誕生までの道のりも遠いものですが、生命の発生も38億年も前のことであり、ヒトの出現となると、大晦日の除夜の鐘が鳴る寸前です。しかも生命の歴史が始まって以来、誕生した生物の99％が絶滅しています。私たちが生きていることは、まさに「盲亀浮木」なわけです。

バクテリアから魚類になり、両生類、爬《は》虫《ちゅう》類に進化し、爬虫類から分かれて哺乳類、鳥類があらわれ……この進化のプロセスを、人は妊娠中の280日の間に胎内で再現します。個体発生は系統発生を繰り返すという、有名な「ヘッケルの命題」です。

受胎32日目の胎児は、心臓が魚類と同様に一心房一心室で、顔の側面にはエラに相当するようなものがあらわれ、35日目では、エラの血管が肺の血管へと変貌して、ヒレのような突起が5本指の手を備えた腕になり、爬虫類の特徴を残すムカシトカゲとよく似ているそうです。受胎38日目の胎児では、体毛が生えて哺乳類の面影が出てきます。32日から38日までに古生代の魚の時代から中生代初頭の獣形爬虫類にいたる1億年を超す年月の進化のドラマが起きているのです。

生まれるということの奇跡を宇宙からたどると、天意ということがおぼろげながらも見えてくるような気がします。壮大な宇宙の歴史に組み込まれながら、人は自分の生まれた日を運命の基礎に据えて生きていくことになります。すべてが「ピタリ」と収まった大きな世界の出来事として、遅くもなく早くもなく、それが個性の源となるのです。

心の法則

宇宙のはじまりは、今から138億年前のことですが、宇宙が始まってから最初の生命が誕生するまでの約100億年間は、万有引力の法則などをはじめとする「物理の法則」や物質反応の「化学の法則」がすべてを支配していました。

この法則に従って宇宙は拡大していき、物質が集合した場所に銀河が誕生し、太陽系が形成され、地球が生まれたのが約45〜46億年前のことです。それから数億年の後の約37〜38億年前に、バクテリアのような最初の生命が発生して進化の歴史が始まるのですが、この進化を司ったのが遺伝子やゲノムなどの「生命の法則」です。遺伝子は自らをコピーして子孫を残していくメカニズムですが、この繰り返しを延々と続けることで生命はより高度に進化していったのです。

2003年にヒトゲノムの解読を完了して、人類に一番近い動物であるサルと人間のゲノム配列の98・8パーセントが同一であることが判明しました。ゲノム配列とはA（アデニン）、T（チミン）、G（グアニン）、C（シトシン）の四種類の塩基の並び方の順番のことです。この並び方で遺伝情報が暗号化されて記録されているわけです。これらの働きが「生命の法則」です。

「物理の法則」「化学の法則」「生命の法則」に加え、人類が誕生した時に「心の法則」が生まれたのではないか。他の動物やサルにもない「心の法則」こそが人間を人間たらしめるものです。「心の法則」による心の働きが私たち人間の最大の特徴です。そして「心の法則」は、天意を受けて生まれたのです。つまり、誕生日がキー（鍵）になっているのではないか――これが、「ピーチスノウ」の仮説です。

幸せとはなにか

人は幸せになるために生まれてきました。古今東西の宗教がそう言います。真実なのでしょうが、「幸せ」があいまいです。どうすれば幸せに生きていけるか、そもそも幸せとは何かが、人類にとって非常に難しいテーマであり続けています。

1948年にWHOが定義した「健康」にヒントがありそうです。憲章によると「健康とは、身体面・精神面・社会面のすべてにおいて良好な状態（well-being）にあること」です。健康観というより、もっと広く、幸福といった視点で語られていることが分かります。以来、欧米では医学や心理学を中心に、ウェルビーイングの研究が進められてきました。

米・ペンシルベニア大学心理学部教授のマーティン・セリグマン博士は、ウェルビーイング研究において、幸せの5つの要素を提唱しています。それぞれの頭文字をとって、PERMA（パーマ）理論と言いますが、P＝ポジティブな感情（希望、愛、喜び、感謝など）、E＝エンゲージメント（組織づくりなどで使われますが、自発的に発揮する貢献意欲）、R＝リレーションシップ（人間関係）、M＝ミーイング（意味、人生の目的）、A＝アチーブメント（達成感、目的の成就）です。現代社会では幸せの条件を物質的な豊かさから精神的な豊かさに求める傾向にありますが、これらの5つも、やはり精神的な充足を志向しています。

2002年にノーベル経済学賞を受賞したダニエル・カーネマン博士は、人間が感じる幸福の感情は、あるレベルまでは収入に比例して増えていくものの、収入が一定水準を超えると、幸福度は上昇しなくなることを明らかにしました。高度経済成長を経て、生活レベルが上がった日本でも「本当の豊かさとは何か」という疑問に直面しました。答えは出たのでしょうか。

私は、幸福の定義を「想い願うことが実現する状態」と考えています。人それぞれに個性や才能があるように、想いや幸福感もそれぞれに異なるからです。お金が欲しい人はお金を、愛が欲しい人は愛を、名誉や賞賛が欲しい人は名誉や賞賛を……なに一つ否定されるものではありません。想ったものが自在に得られ、願いが叶う人生が、シンプルに最高だと思うのです。むろん魔法のように簡単に叶うことではありません。様々なプロセスとともに、困難や失敗に直面するでしょう。

しかし、人間はそれを乗り越えて想いを実現することができます。ここが重要なポイントです。それは「人はなんにでもなれる」からではなく、「人はなるべき人になる」からです。運動神経の鈍い人がプロスポーツ選手として成功することはありません。才能のある人がそれを磨いて花を咲かせるのです。天命としての個性を知ることがいかに大切なことか、お分かりになると思います。

運を引き寄せる

子どもの頃に見たテレビ番組の中で、松下幸之助さんがインタビューを受けていました。「松下さんの成功の一番の理由はなんですか」そう問われて「それは、運ですな」と飄々《ひょうひょう》と答えられていたのが印象に残りました。努力や才能が成功の鍵と思っていましたから、これほどの成功者が「運」だとあっさり言ってのけたことに、子ども心にも意外に思えたのです。松下氏がその後創設した松下政経塾の入塾条件は、①運の強そうな人（運が強いと考えている人）②愛嬌のある人 ③ある程度勉強のできる人 ④皆の前で自分の意見をしっかり話せる人、でした。

運を偶然のラッキー現象だと捉えると違和感を覚える回答ですが、そうではなく運は意識で引き寄せてくるものです。人生の運の量は決まっていて、ある時期、運が良すぎると使い果たしてしまい、その後不幸を招くという考え方をする人もいますが、これも誤った考え方です。普段から運が良いと思っている人は、潜在意識も運が良いと認め、その潜在意識が運の良い現象を引き起こし、再びそれを増大させながら繰り返していくのです。多くの成功者が自らの成功の要因を運だと断言しているのには理由と法則があるのです。

詳しくは、シンクロニシティとゼロ・ポイント・フィールド仮説のＳＴＥＰ４で述べていますが、宇宙に偏在するエネルギーは絶えず地球に降り注いでいて、私たちの意識は、このエネルギーとシンクロすることで運を引き寄せています。

さて、私は33歳の時に創業しました。わずか数名からスタートし、やがて会社は１００人の社員を擁する企業に成長しました。社員の97％が女性という特殊な組織のマネジメントには、女性の能力を活かすための独自のノウハウが必要でした。

気配りやファミリーシップを大切にする組織運営、喜びや感動を表現するためのイベントの定期開催、社内託児所などの働きやすい環境づくり等、多岐にわたっての仕組みづくりによって女性たちは主体性を発揮し、のびのびと活躍してくれたおかげで、会社は順調に発展していきました。

会社の成長期には多くの出会いがありました。すばらしい人に巡り合う、魅力ある商品や情報に巡り合う、後から振り返ると、これらの出会いが本当に不思議な「運」の良い出来事だったとわかるのです。必要な時に必要な人と出会い、まさに必要な情報をもたらせてくれたり、必要な行動をとってくれたり、思っていることが呼び寄せられるように実現していく奇跡のような状態です。経営陣の潜在意識、会社を愛してくれた社員の潜在意識、それらが一体となって、宇宙の法則に従い、現象をつくっていったのです。この時期の経験を通して、松下幸之助氏の「運」の意味を本当に理解するようになりました。

STEP

2

ピーチスノウ概論

ピーチスノウとは

「PEACH SKNOW」（ピーチスノウ）とは、「Personal Essence And Color of Heart」の頭文字をとった「PEACH」と、Self（自己）Know（知る）をくみあわせた造語「SKNOW」からなり、個性の本質と心の色で自分自身を知るために開発したオリジナルなコンテンツです。

キー（鍵）となるのは誕生日で、3000年の歴史を持つ、叡智《えいち》の結晶である四柱推命を基礎にしています。四柱推命とは陰陽五行説を元に生まれたもので、年、月、日、時刻という4つの要素から、その人の生まれ持った可能性、命運を推し量るものです。〝人の運命を推察する方法論〟である「推命学」が中国で誕生したのは、今から約3000年も前のことです。それ以来、中国に限らず、日本でも、倭と呼ばれていた時代から、時の権力者たちが「推命学」を武器に運命を切り拓いてきました。

「推命学」の理論は、非常に優れたもので、中国の古代思想である陰陽、五行、干支などから成り立っています。優れていますが、とても複雑なものです。しかし、古代から今日まで引き継いだ貴重な財産として、この叡智を活かさない手はありません。そこでもっと分かりやすく、視覚的にも捉えられるものにできないものかと、研究を重ねてきました。

そして、個々の誕生こそは天命であるという、誕生日をもとにした推命学の本質を、色彩学的に表現するという、これまでにない視点で見えるカタチにし、どなたでもアプローチできるコンテンツとして、ピーチスノウ（PEACH SKNOW）にたどり着きました。色という要素を取り入れることで、難解な理論が明快になると同時に、いにしえより色彩世界が私たちに語りかけてくれるときめきを味わっていただくことができます。

新しいコンテンツですが、古今東西の数多くの人物を生年月日から分析することで、推測統計学的に検証しています。本書を読み進んでいかれると、きっと驚かれることでしょう。

推命学

ではなぜ、誕生日がキー（鍵）なのか。

詳しくは、STEP4のシンクロニシティにおいて宇宙と人間の無意識との関係で語っていますが、私たちの個性や才能といわれるものは、誕生の瞬間にインプットされた、天のメッセージ（＝天意、天命）に他ならないからです。古代の人々は「宇宙の感受性」とでも言うべきインスピレーションで命の意味を知っていたのかもしれません。それを学問として確立するために、複雑な知識や方法論を駆使して推命学が生まれたのです。

それを読み解きコンテンツ化したのが、ピーチスノウですが、時代に即して科学的な検証ができるように、客観的な情報のない誕生時刻の分析は省きました。推命学の要素の一つであるリズム（運勢）も、山あり谷ありの人生に有用ですが、本書では触れていません。

また、「色彩心理学」からのアプローチでは、3〜6ページにあるクリスタルボトルを快（心地よく感じる色）から不快（心地よく感じにくい色）の順に12本並べ替えていく、カラーリーディングという心理カウンセリングの技法を用います。紙面の都合もあり、本書ではお伝えできませんが、ご自身の深層心理を読み解いていくためにセルフでやることも可能です。ＳＮＳで検索できますので、ご関心があればぜひ情報収集してみてください。

多くの人の人生を誕生日との関係で研究するほどに、人は誕生日によって定められた個性、才能に基づいて生きていることが分かります。運命を拓く鍵は自分自身が手にしているのです。このコンテンツを活かせば、天命を知ることができ、天命を知ることで人生の迷いを取り除き、自らの強みを知って生きていくことができるのです。

色彩人間学

推命学をもとにしたピーチスノウでは、誕生日が人の個性を決定する、生まれた瞬間、その人に「天命」とも言える何か決定的な要素がインプットされたと考えています。

ピーチスノウはその〝決定的な要素〟を、色（スノウカラー）と記号（ピーチコア）という新しい視点で「分かりやすく」「見える」形にしているのが最大の特徴です。昔から「十人十色」と言うように、人には様々な個性があり、それを色に例えて表現することがあります。なぜなら、色は人間の潜在意識を雄弁に語るものだからです。「推命学」にこの「色彩心理学」を融合することで、論理的にも感覚的にも理解することが可能になりました。

色には「12色相環」というものがあります。レッド（赤）、レッドオレンジ（赤橙《だいだい》）、オレンジ（橙）、イエロー（黄）、イエローグリーン（黄緑）、グリーン（緑）、ブルーグリーン（青緑）、ターコイズ（緑青）、ブルー（青）、インディゴ（青紫）、パープル（紫）、マゼンタ（赤紫）の12色を環状に配置したもので、色を体系化する時に用いる方法の一つです。この12の色がそれぞれ色彩心理学的な視点で、メッセージを持っています。

例えば赤は、情熱や生命力などです。青からは安定や謙虚さなど、黄色からは希望や自由など、緑色からは平和や協調など、それぞれの色から感じ取るメッセージがあり、世界の人々に共通するものかもしれません。色彩心理学を推命学に取り入れ、「色彩人間学」

とでも言うべきオリジナルな理論として開発したのがピーチスノウです。

誕生日からその人の個性や才能を導き出すと、その個性や才能に従って、人にはそれぞれ自分らしく生きやすい役割があることが分かります。この役割を12の色で表現して「スノウカラー」と名付けました。

「スノウカラー」とはセルフノウカラー（Self Know Color）の造語です。「自分が知っている色」という意味です。

あなたのピーチスノウを読み解く

ピーチスノウは、誕生日からその人の「天命」を導き出すコンテンツです。そして、それぞれの「天命」は、12色の「スノウカラー」と10種類の記号からなる「ピーチコア」で表現されます。

それぞれの「スノウカラー」と「ピーチコア」にどういうメッセージが込められている

のかは、この後じっくり説明していきますが、まずは次に紹介する手順に従って、実際にご自身の「スノウカラー」と「ピーチコア」を算出してみてください。

ステップ1

あなたの誕生年の数字を【誕生年対応表】で確認します。

例：1964年5月31日生まれのAさんの場合、「45」という数字が確認できます。

ステップ2

【誕生年対応表】であなたの誕生月の数字を確認し、ステップ1で出た数字を足します。

※うるう年（表の★印）生まれで誕生日が3月1日〜12月31日までの人は、1を足します

例：5月生まれのAさんは「0」。つまり、45＋0＋1＝46です。

ステップ3

ステップ2で出た数字に【誕生日】を足します。

例：31日生まれは、「31」。つまり、46＋31＝77です。

ステップ4

ステップ3で出た数字を【個性の60分類表】の番号に当てはめていきます。60分類は60日おきに繰り返されるので、61以上の数は60を引き、120以上の場合は120を引きます。

例：77ならば、77－60＝17。つまり、Aさんの「スノウカラー」はイエローグリーン（黄緑）、「ピーチコア」は金（Metal）プラスだと分かります。

スノウカラー（本質の色）

「スノウカラー」が、その人の「生まれながらの本質や個性や才能」をあらわしていることはすでに説明しました。

自分の「スノウカラー」を知ることで、自分の個性や才能を知ることができ、実力を発揮できる場所を見つけることに大いに役立ちます。

「スノウカラー」はご自身の人間関係や進路選択にも大いに役立ちますが、また、企業経

1550	45	1610	50	1670	5	1730	19	1790	34	1850	48	1910	2	1970	17	2030	32
1551	50	1611	55	1671	10	1731	24	1791	39	1851	53	1911	7	1971	22	2031	37
★1552	55	★1612	0	★1672	15	★1732	29	★1792	44	★1852	58	★1912	12	★1972	27	★2032	42
1553	1	1613	6	1673	21	1733	35	1793	50	1853	4	1913	18	1973	33	2033	48
1554	6	1614	11	1674	26	1734	40	1794	55	1854	9	1914	23	1974	38	2034	53
1555	11	1615	16	1675	31	1735	45	1795	0	1855	14	1915	28	1975	43	2035	58
★1556	16	★1616	21	★1676	36	★1736	50	★1796	5	★1856	19	★1916	33	★1976	48	★2036	3
1557	22	1617	27	1677	42	1737	56	1797	11	1857	25	1917	39	1977	54		
1558	27	1618	32	1678	47	1738	1	1798	16	1858	30	1918	44	1978	59	★:うるう年	
1559	32	1619	37	1679	52	1739	6	1799	21	1859	35	1919	49	1979	4		

Step2　誕生月の誕生月番号を調べる

誕生月番号を【誕生月対応表】で出し、Step1で出た数と足します。

※うるう年生まれで誕生日が3月1日～12月31日までの人は1を足します。

例）5月生まれは0となります。

　＝45＋0＋1（うるう年）＝46となります。

誕生月対応表											
1月	0	2月	31	3月	59	4月	30	5月	0	6月	31
7月	1	8月	32	9月	3	10月	33	11月	4	12月	34

※うるう年生まれで誕生日が3月1日～12月31日までの人はプラス1をします。
1月1日～2月末日迄の誕生日の人は、この誕生月対応表のとおりです。

Step3　誕生日の数を足す

Step2で出た数に【誕生日】を足します。

例）上の例の場合は46＋31＝77となります。

Step4　個性の60分類表に当てはめる

Step3で出た数字を【個性の60分類表】の番号に当てはめていきます。
60分類は60日おきに繰り返されるので、61以上の数は60を、
121以上の数は120を引きます。

例）上の例の場合は77－60＝17

　＝出てくる数字は1～60のどれかに当てはまります。

〈改暦〉

1582年10月4日（木）までユリウス暦（4年間に1回のうるう年）
1582年10月15日（金）からグレゴリオ暦に改暦されました。従って1700年、1800年、1900年はうるう年ではなく平年となります。

〈改暦による誕生年番号の修正〉

※1582年は10日間を省いた（10月5日～10月14日は存在しない）ため、誕生年対応表の1582年1月1日～1582年10月4日までの誕生年番号は「33」となり、1582年10月15日～1582年12月31日の誕生年番号は「23」となります。

Step1　誕生年の誕生年番号を調べる

あなたの誕生年番号を【誕生年対応表】で出します。

例）1964年5月31日生まれの場合（※うるう年生まれ）
　1964年生まれは45となります。

誕生年対応表

★1500	22	★1560	37	★1620	42	★1680	57	★1740	11	1800	26	★1860	40	★1920	54	★1980	9
1501	28	1561	43	1621	48	1681	3	1741	17	1801	31	1861	46	1921	0	1981	15
1502	33	1562	48	1622	53	1682	8	1742	22	1802	36	1862	51	1922	5	1982	20
1503	38	1563	53	1623	58	1683	13	1743	27	1803	41	1863	56	1923	10	1983	25
★1504	43	★1564	58	★1624	3	★1684	18	★1744	32	★1804	46	★1864	1	★1924	15	★1984	30
1505	49	1565	4	1625	9	1685	24	1745	38	1805	52	1865	7	1925	21	1985	36
1506	54	1566	9	1626	14	1686	29	1746	43	1806	57	1866	12	1926	26	1986	41
1507	59	1567	14	1627	19	1687	34	1747	48	1807	2	1867	17	1927	31	1987	46
★1508	4	★1568	19	★1628	24	★1688	39	★1748	53	★1808	7	★1868	22	★1928	36	★1988	51
1509	10	1569	25	1629	30	1689	45	1749	59	1809	13	1869	28	1929	42	1989	57
1510	15	1570	30	1630	35	1690	50	1750	4	1810	18	1870	33	1930	47	1990	2
1511	20	1571	35	1631	40	1691	55	1751	9	1811	23	1871	38	1931	52	1991	7
★1512	25	★1572	40	★1632	45	★1692	0	★1752	14	★1812	28	★1872	43	★1932	57	★1992	12
1513	31	1573	46	1633	51	1693	6	1753	20	1813	34	1873	49	1933	3	1993	18
1514	36	1574	51	1634	56	1694	11	1754	25	1814	39	1874	54	1934	8	1994	23
1515	41	1575	56	1635	1	1695	16	1755	30	1815	44	1875	59	1935	13	1995	28
★1516	46	★1576	1	★1636	6	★1696	21	★1756	35	★1816	49	★1876	4	★1936	18	★1996	33
1517	52	1577	7	1637	12	1697	27	1757	41	1817	55	1877	10	1937	24	1997	39
1518	57	1578	12	1638	17	1698	32	1758	46	1818	0	1878	15	1938	29	1998	44
1519	2	1579	17	1639	22	1699	37	1759	51	1819	5	1879	20	1939	34	1999	49
★1520	7	★1580	22	★1640	27	1700	42	★1760	56	★1820	10	★1880	25	★1940	39	★2000	54
1521	13	1581	28	1641	33	1701	47	1761	2	1821	16	1881	31	1941	45	2001	0
1522	18	※1582	33/23	1642	38	1702	52	1762	7	1822	21	1882	36	1942	50	2002	5
1523	23	1583	28	1643	43	1703	57	1763	12	1823	26	1883	41	1943	55	2003	10
★1524	28	★1584	33	★1644	48	★1704	2	★1764	17	★1824	31	★1884	46	★1944	0	★2004	15
1525	34	1585	39	1645	54	1705	8	1765	23	1825	37	1885	52	1945	6	2005	21
1526	39	1586	44	1646	59	1706	13	1766	28	1826	42	1886	57	1946	11	2006	26
1527	44	1587	49	1647	4	1707	18	1767	33	1827	47	1887	2	1947	16	2007	31
★1528	49	★1588	54	★1648	9	★1708	23	★1768	38	★1828	52	★1888	7	★1948	21	★2008	36
1529	55	1589	0	1649	15	1709	29	1769	44	1829	58	1889	13	1949	27	2009	42
1530	0	1590	5	1650	20	1710	34	1770	49	1830	3	1890	18	1950	32	2010	47
1531	5	1591	10	1651	25	1711	39	1771	54	1831	8	1891	23	1951	37	2011	52
★1532	10	★1592	15	★1652	30	★1712	44	★1772	59	★1832	13	★1892	28	★1952	42	★2012	57
1533	16	1593	21	1653	36	1713	50	1773	5	1833	19	1893	34	1953	48	2013	3
1534	21	1594	26	1654	41	1714	55	1774	10	1834	24	1894	39	1954	53	2014	8
1535	26	1595	31	1655	46	1715	0	1775	15	1835	29	1895	44	1955	58	2015	13
★1536	31	★1596	36	★1656	51	★1716	5	★1776	20	★1836	34	★1896	49	★1956	3	★2016	18
1537	37	1597	42	1657	57	1717	11	1777	26	1837	40	1897	55	1957	9	2017	24
1538	42	1598	47	1658	2	1718	16	1778	31	1838	45	1898	0	1958	14	2018	29
1539	47	1599	52	1659	7	1719	21	1779	36	1839	50	1899	5	1959	19	2019	34
★1540	52	★1600	57	★1660	12	★1720	26	★1780	41	★1840	55	1900	10	★1960	24	★2020	39
1541	58	1601	3	1661	18	1721	32	1781	47	1841	1	1901	15	1961	30	2021	45
1542	3	1602	8	1662	23	1722	37	1782	52	1842	6	1902	20	1962	35	2022	50
1543	8	1603	13	1663	28	1723	42	1783	57	1843	11	1903	25	1963	40	2023	55
★1544	13	★1604	18	★1664	33	★1724	47	★1784	2	★1844	16	★1904	30	★1964	45	★2024	0
1545	19	1605	24	1665	39	1725	53	1785	8	1845	22	1905	36	1965	51	2025	6
1546	24	1606	29	1666	44	1726	58	1786	13	1846	27	1906	41	1966	56	2026	11
1547	29	1607	34	1667	49	1727	3	1787	18	1847	32	1907	46	1967	1	2027	16
★1548	34	★1608	39	★1668	54	★1728	8	★1788	23	★1848	37	★1908	51	★1968	6	★2028	21
1549	40	1609	45	1669	0	1729	14	1789	29	1849	43	1909	57	1969	12	2029	27

個性の60分類表

これであなたの「スノウカラー」と「ピーチコア」が分かります。

core \ number	1〜10	11〜20	21〜30	31〜40	41〜50	51〜60
T+	1 RO	11 YG	21 P	31 R	41 B	51 I
T−	2 B	12 R	22 P	32 YG	42 RO	52 I
F+	3 O	13 T	23 G	33 M	43 BG	53 Y
F−	4 M	14 G	24 T	34 O	44 Y	54 BG
E+	5 Y	15 O	25 T	35 G	45 M	55 BG
E−	6 BG	16 M	26 G	36 T	46 O	56 Y
M+	7 RO	17 YG	27 P	37 R	47 B	57 I
M−	8 B	18 R	28 P	38 YG	48 RO	58 I
W+	9 O	19 T	29 G	39 M	49 BG	59 Y
W−	10 M	20 G	30 T	40 O	50 Y	60 BG

ピーチスノウの記号早見表

スノウカラー

P＝パープル（紫）
T＝ ターコイズ（緑青）
YG＝イエローグリーン（黄緑）
O＝オレンジ（橙）
RO＝レッドオレンジ（赤橙）
Y＝イエロー（黄）
I＝インディゴ（青紫）
BG＝ブルーグリーン（青緑）
B＝ブルー（青）
M＝マゼンタ（赤紫）
R＝レッド（赤）
G＝グリーン（緑）

営における人事面でも力を発揮してくれます。誰をどの部署におくか、誰と誰を組ませるかなど、それぞれの「スノウカラー」を知っていれば、人材を活かすことができます。

○パープル（紫）－ファンタジー　魂の自由を求める個性（自由奔放）

パープル（紫）の色エネルギーを持った人は、独特の世界観と美意識を持つ、芸術家肌の人です。鋭い直感力を持ちながらも、周囲との和も大切にします。ただし、細かい指示を与えられるのが苦手で、自由な環境下で、才能を開花させる人です。

○ターコイズ（緑青）－オリジナル　独自の世界観を持つ個性（マイペース）

ターコイズ（緑青）の色エネルギーを持った人は、まわりに左右されず、自分にしかできないオリジナリティーを発揮して、ナンバーワンを目指します。「自分は自分、他人は他人」という境界線のはっきりした考え方をし、独自の哲学で人生を歩む人です。

○イエローグリーン（黄緑）－ラブリー　正直で裏表のない個性（愛されキャラ）

イエローグリーン（黄緑）の色エネルギーを持った人は、いつでも周囲に愛情を注ぎ、なおかつ周囲からも大切にされたいと願っています。常に自然体で、愛らしく無邪気に、正直で表裏のない生き方をします。ノルマやプレッシャーを嫌う傾向にありますが、感受性が強く、周囲をよく観察し、無駄な駆け引きや争い事は好みません。

○オレンジ（橙）－フレンドリー　仲間を大切にする個性（明るい突破力）

オレンジ（橙）の色エネルギーを持った人は、楽天的で陽気な性格です。人を喜ばせることが好きで、誰に対してもフレンドリーに振る舞うことができます。今を楽しむことが第一で、フットワークが軽いのが特徴です。年をとっても精神的な若さを失わず、何事も持ち前の明るさで乗り切っていきます。

○レッドオレンジ（赤橙）－スピーディー　好奇心旺盛な個性（切れ味鋭い）

レッドオレンジ（赤橙）の色エネルギーを持った人は、チャレンジ精神が旺盛で、行動もすばやく、何事にもポジティブに取り組みます。成功願望が強く、負けず嫌いで、プライドが高いのが特徴です。我慢することは苦手ですが、華やかなムードがあり、特別な輝きを持っています。

○イエロー（黄）―スマート　聡明な発想力を持つ個性（かっこよく生きたい）

イエロー（黄）の色エネルギーを持った人の個性は、人間の一生に例えれば青春時代。スマートで格好良いことに憧れる若々しい個性です。前向きで発展的な考え方をし、聡明な発想力には群を抜いたものがあります。流行にも敏感で、向上心も強く、先を見通す力にも恵まれており、ユーモアに富んだ会話を楽しむことができます。

○インディゴ（青紫）―パーフェクト　分析力に優れた個性（厳格であるが細かすぎない）

インディゴ（青紫）の色エネルギーを持った人は、冷静で決断力に優れています。人当たりは柔らかい人もいますが、現実を見通す目は非常に鋭く、常に論理的な判断をします。用心深く自分の役目を果たすので、組織のトップでも補佐役でもその力を発揮します。プライドが高く、完全を目指すので、自分にも周囲にも厳しく接する傾向にあります。

○ブルーグリーン（青緑）―バランス　バランスのとれた個性（悠然とした）

ブルーグリーン（青緑）の色エネルギーを持った人の個性は、人間の一生で言えば、中年期に入り、落ち着きとバランスを兼ね備えた状態。誠実で義理堅く、優れたバランス感覚の中に、並外れた強さを秘めています。人間関係でも、上手にバランスをとることができ、平等に対応するので、この人の意見は多くの人を納得させます。

●ブルー（青）―コミュニケーション　成熟した人間関係の個性（不思議な存在感）

ブルー（青）の色エネルギーを持った人は、不思議な存在感を持っています。コミュニケーション能力が高く、秩序を重んじ、経験を重視する傾向にあるので、周囲から信頼を集めます。その分、頼まれると断れないことも多く、気苦労も重ねますが、粘り強く、謙虚にふるまいながら、多くの場所で自分の力を活かすことができます。

●マゼンタ（赤紫）―ドリーム　現実を見ながら夢想する個性（夢と現実のはざま）

マゼンタ（赤紫）の色エネルギーを持った人は、ロマンティストであると同時に、現実的な視野を持った人です。夢を叶えるための長期的展望を持ちながら、しっかりと自分の役割を果たし、人生の土台を築いていくことができます。包容力があり、サービス精神も旺盛なので、夢想する現実主義者とも手堅いロマンティストとも呼ばれます。

○レッド（赤）―パッション　大胆な行動を伴う情熱の個性（突き進む情熱）

レッド（赤）の色エネルギーを持った人は、ひとことで言えば情熱家。何事においても全力投球で取り組むタイプです。「せっかちな人」と見られることもありますが、常に目の前のことに没頭しているだけで、本人に悪気はありません。忍耐力は強く、目標を達成するために徹底した努力を続け、時に大胆な個性で活動を続けます。

○グリーン（緑）―ヒューマン　人間愛に目覚める個性（まじめで優しい）

グリーン（緑）の色エネルギーを持った人は、人のふれあいを大切にする優しい人です。誠実でおだやかな助け合いの精神を持ち、協力し合う人生を好む傾向にあります。新しいことに対しては事前に入念な調査を行い、用心深い対応をします。誠実で安心感のある紳士的な平和主義者なので、調整役として力を発揮します。

ピーチコア（本質の核）

「スノウカラー」はその人の〝本質の色〟ですが、さらに深く自分を知るためには、「ピーチコア」と呼ぶ〝本質の核〟について学ぶ必要があります。〝本質の核〟というのは、心の「深層部分にある個性」のことであり、深いところであなた自身の心を生かしている核の部分のことです。「スノウカラー」が、誰から見てもなるほどと思えるその人の本質を色であらわしているのに対し、「ピーチコア」はより深い部分に秘められた個性を記号で示したものです。

どちらか片方だけでは、その人のすべてを見たことになりません。「本当の自分を知りたい」「もっと深いレベルで自分らしい生き方をしたい」という欲求を満たすためには、「スノウカラー」と「ピーチコア」の組み合わせを見ていくことです。

「スノウカラー」が12種類の色だったのに対し、「ピーチコア」は全部で10種類の記号で表現されます。「木（Tree）」「火（Fire）」「土（Earth）」「金（Meta

ー)」「水(Water)」にそれぞれプラス、マイナスの組み合わせがあり、全部で10パターンというわけです。この10種類の記号は、中国の長い歴史から生み出された「陰陽五行説」をもとにつくられたもので、プラス、マイナスは、「良い」「悪い」の意味ではありません。

記号の見方は、例えば「T+」とある人は、「Tree(木)のプラス」、「M−」とある人は「Metal(金)のマイナス」です。あなたの「ピーチコア」がこの10種類のどれに属するかによって、あなたの深いところにある本質的なものが見えてくるのです。

次のページから、「ピーチコア」のそれぞれの特徴を見ていきましょう。

★木(Tree)プラス――大樹 ストレート

…まっすぐでゆるぎない個性

この人は、天に向かってまっすぐ伸びる大樹のような潜在的本質を持っています。独立心を強く秘めており、周囲に流されずに、我が道を進む人です。

長所　プレッシャーに負けず信念を貫く。

迷った時にも周囲に流されない。
失敗を糧にさらに成長する。

短所　時に頑固で勝手な行動をする。
集団に協力せず、自分のペースで動く。
自分を追い込んでしまうことがある。

★木(Tree)マイナス――草花 ソフト …しなやかで協調的な個性

この人は、人の心を和ませる草花のような人です。柔らかい物腰の中に、芯の強さを秘めています。

長所　いつも穏やかで優しい対応。
多くの意見をまとめ、集団の力に変える。
柔軟に発想を変えることができる。

短所　八方美人になり、優柔不断な対応になる。
周りに流されて自分を発揮できなくなる。
内と外で違う顔をする。

★火(Fire)プラス——太陽 ピース

…大らかで平和的な個性

この人は、細かいことにはこだわらず大らかに行動します。人生や物事を楽しもうとするポジティブな心を秘めています。

長所　無理をせずいつも自然体。
対立を避け、融和《ゆうわ》を図《はか》ろうとする。
常にポジティブな態度で問題解決を図る。

短所　我慢や地道な努力は不得手。

苦手な人は避けようとする。
トラブルの少ない生き方を選ぶ傾向にある。

★火（Fire）マイナス――灯火 ロマン …感受性が強く、情に厚い個性

この人は、闇を照らすキャンドルのような人。華やかで、はつらつとしていますが、同時にデリケートで傷つきやすい一面を持っています。

長所　感受性が強く、情に厚い。
情熱を燃やす対象に出会うと、のめり込む。
直感力にすぐれ、ユニークな発想が得意。

短所　傷つきやすく、反抗的になることがある。
好き嫌いが激しく、気難しいところが出る。
熱しやすく冷めやすい。

★土（Earth）プラス――山岳 ヒューマン …博愛精神にあふれた個性

この人は、まるでどっしりとした山のような人です。愛情深く、奉仕の精神を持ち、周囲から何かと頼られます。守りにも強く、たくましい印象です。

長所　ピンチにも動じることなく、仲間を守ろうとする。
　　　頼られると親身になって行動する。
　　　安全志向が強い。

短所　反応が鈍いと見られることがある。
　　　情に流され、自分を見失うことがある。
　　　受け身になり、自分からは動かなくなる。

★土（Earth）マイナス――大地 リアル …現実的で粘り強い個性

この人は、広大な大地のような人です。庶民的でざっくばらんな味わい深い人柄で、粘り強く、人を育てる能力を秘めています。

長所　いざという時に底力を発揮する。
　　　人が嫌がることでも逃げずに実行する。
　　　コツコツと地道な活動をする。

短所　スローテンポになり、無理をしなくなる。
　　　何事も受け身になりやすい。
　　　安全な人生を望み、挑戦をしなくなる。

★金（Metal）プラス――鉱脈 パワフル …勇敢に行動する個性

この人は、心のうちにしっかりした鉱脈を秘めており、強くてたくましい意志と行動力を兼ね備えています。打たれ強く、少々の困難ではめげません。

長所　逆境を恐れず勇敢に行動する。
プレッシャーをエネルギーに変えて、精力的な動きをする。
言うべきことははっきり言う。

短所　気が短く、攻撃的。
時に浅はかな行動をすることがある。
言葉が厳しく、人を傷つけてしまう。

★金（Metal）マイナス——宝石 プライド…潔癖で正義感の強い個性

この人は、純粋な宝石のような個性。自尊心が高い優等生タイプです。美的感覚が鋭く、おしゃれな人が多いのが特徴です。

長所　問題解決に向けて、責任を持って対処する。
名誉を守るために困難な局面にも立ち向かう。
プレッシャーに強い。

短所　面白みに欠ける。
時に自意識が過剰になる。
実を捨てて名をとろうとする。

★水（Water）プラス――海洋 ダイナミック…冒険心に満ちた個性

この人は、いつも悠然と構えている海のような人です。物事を論理的にとらえながらも柔軟な心を持ち、自由な精神と行動力を兼ね備えています。

長所　度胸があり、何事も怖がらずに対処する。

困難な状況でも冷静な決断をする。
物事の裏を読み、目の前のことにきっちりと対応する。

短所 反体制となり、組織からはみ出してしまう。
地位や名誉を捨ててでも、決行してしまうことがある。
世渡りが下手な部分もある。

★水(Water)マイナス――雨露 ロジカル

…理性的で几帳面な個性

この人は、細やかで理性的な人で、慈愛に満ちた母性愛を持ち、たくましい強さを秘めながら、環境に順応することができます。

長所 学ぶことを重視し、自己成長を求める。
プレッシャーがかかる局面でも感情的にならずに理性的に対処する。

短所　心配性で、小さなことが気にかかる。
理屈っぽくなり、実行力に欠けることがある。
独創的な発想は苦手なところがある。

STEP

3

12カラーで有名人を分析する

本章では、前章で説明した、誕生日に基づいた個性を色で表したスノウカラーを用いて、歴史上の人物や、みなさまがよくご存じの芸能界やスポーツ界ほか著名な方々、300名近くを分析しています。サンプルをとって確率分布を推定する推測統計学という手法ですが、例を挙げていません。STEP5からSTEP7にわたってもテーマに沿って多くの事例を挙げていません。

できるだけ事実に即すように心がけましたが、中には、私の「印象」も含まれています。みなさまも、それぞれの方々を思い浮かべながら読んでいただけると、スノウカラーによって個性の「傾向」「特徴」が明白だと納得いただけるのではないかと思います。このような具体的な分析の事例はありません。ご自身で、気になる方を分析してみられるのも良いでしょう。

○ファンタジー　パープル——魂の自由を求める個性（自由奔放）

パープルの色エネルギーを持った人は、人間の一生でいえば生まれる前または死んだ後のフワフワした魂の状態の個性です。独自の世界観と美意識を持ち、直感力に優れ、最大の特徴はとらわれのない発想力です。自由な状態でのびのびと生きていくことがパープルの個性にとっては大切です。思いついたらすぐ行動することが多いので、どこかとらえどころのない印象を与えることがあるかもしれません。こうした特性から、自由奔放で感覚的な生き方をします。

有名人でいえば霊的な感性の鋭い美輪明宏さん（1935年5月15日生）や撮影時、瞬時に涙を流すことができるという女優の大竹しのぶさん（1957年7月17日生）などです。また、天然ぶりで人気の長嶋一茂さん（1966年1月26日生）、ほんわかとした、さかなクン（1975年8月6日生）や田村正和さん（1943年8月1日生）、直感とひらめきのマツコ・デラックスさん（1972年10月26日生）、木村カエラさん（1984年10月24日生）、椎名林檎《りんご》さん（1978年11月25日生）など、独特の感性の持ち主が多いのです。スピリチュアル好きな人も多く、藤原紀香さん（1971年6月28日生）はその代表かもしれません。

パープルは集中するととてつもない力を発揮します。その代表格は、イチローさん（1973年10月22日生）や石川遼さん（1991年9月17日生）、松井秀喜さん（1974

年6月12日生)、大坂なおみさん(1997年10月16日生)などで、得意分野で爆発的な力を見せています。

パープルの個性を発揮して大成功した人に三宅一生《いっせい》さん(1938年4月22日生)がいます。広島市東区で生まれた三宅さんは1965年にパリに渡り、1966年にギ・ラロッシュのアシスタントになりますが、「オートクチュール(オーダーメイド)はブルジョア社会に奉仕する仕事で、自分のやりたい仕事ではない」と、ジバンシィ(GIVENCHY)に入り直すのです。パリのモードがオートクチュールからプレタポルテ(既製服)に移行する時代でした。

ヨーロッパの伝統的な服づくりに対して、もっと自由で今までにないもの、普遍的でありながら新しいものづくりへの挑戦がはじまります。パリで4年間修行した後アメリカに移り、日本に帰国後の1970年「三宅デザイン事務所」を設立。以来40年間日本から世界に挑み続けました。1970年代初頭から、日本の伝統素材と先端テクノロジーとをデザインで融合させる創造性でファッション界で独自のポジションを築き、世界で最も先駆的なデザイナーの一人として称賛されました。

こうした、既存の枠にとらわれない、自由な発想力こそがパープルの真骨頂です。

歴史上の人物も見ていきましょう。

戦国時代から徳川時代にかけて活躍した仙台藩主の伊達政宗（1567年9月5日生）がいます。独眼竜政宗として知られており、大河ドラマや映画で何度も取り上げられ、好きな武将ランキングでは必ず上位に入る武将です。

パープルの個性は独特の美意識を持っていますが、政宗が1593年秀吉の朝鮮出兵に従軍した時、伊達家の部隊にあつらえさせた戦装束《いくさしょうぞく》はまさに、その美意識を表現したものでした。非常に絢爛豪華《けんらんごうか》なもので、道中で見守っていた住民もその軍装の見事さに歓声を上げたと言います。それから今にいたるまで、派手な装いを好む人や粋でオシャレな男性を指して「伊達者《だてもの》」と呼ぶようになりました。

また、政宗は自由奔放なパープルらしく仙台藩とスペイン帝国との通商を企画し、1613年独自で軍艦を建造して支倉常長《はせくらつねなが》を外交使節として180名余りと共にメキシコ、スペイン、ローマへ派遣しています。

日本がヨーロッパへ使節を派遣したのはこれが初めてのことで、支倉常長は太平洋と大西洋を横断した初の日本人となりました。

海外の人物では、ウィンストン・チャーチル（1874年11月30日生）がパープルの個性です。イギリスで貴族の長男として生まれましたが、子どもの頃から勉強が嫌いな、いわゆる「落ちこぼれ」で、気分のムラも激しかったようです。1940年から45年までと、戦後の1951年から55年までの2度、イギリスの首相を務めました。第2次世界大戦中は、チャーチルが命じる数々の無謀な作戦にイギリス陸軍の参謀も頭を抱えたそうです。パープルの個性の人らしく自由奔放で、戦争を騎士道的な決闘ゲームのようにとらえる一面があったようで、不合理な作戦を平気でやってしまったようです。

半面、優れた感性の持ち主で、大変な読書家であると同時に自身でも歴史書などを執筆して生涯で43冊の著書を残し、全6巻からなる回顧録『第二次世界大戦』でノーベル文学賞を受賞しています。また、絵画は風景画を主にし、その腕前はピカソが「チャーチルは画家を職業にしても十分食っていかれただろう」と評価するほどで、たぐいまれな集中力で多方面に活躍した人物です。

何かと話題のイーロン・マスク（1971年6月28日生）もパープルです。南アフリカで生まれて高校まで過ごしていますが、幼少期はファンタジー小説やSF小説を読みあさり、イジメも経験するような内向的な子どもだったそうです。その後1989年にカナダに移住し、1991年にアメリカのペンシルベニア大学に進み、1995年にはスタンフォード大学の大学院に進学。1999年にオンライン金融サービスと電子メール決済の会社を設立し、2002年にはその会社を売却して約2000億円を受け取りました。この資金を元手にテスラへの出資やスペースXの起業に着手しました。

イーロン・マスクは巨大な再利用ロケットを建造して人々を火星に移住させ、人類を多惑星種にすることを目指しているそうです。まさに夢想する天才、パープルの個性そのものですね。

他にも歌手のエルヴィス・プレスリー（1935年1月8日生）やホイットニー・ヒューストン（1963年8月9日生）などがパープルの個性です。

パープルのスノウカラーを持つ人の個性は天才的な発想力と優れた感性を活かして活躍する人たちです。

○オリジナル　ターコイズ——独自の世界観を持つ個性（マイペース）

　ターコイズの色エネルギーを持った人は、人間の一生でいえば母胎の中で新しい生命が宿り、これからの人生は何にでもなれると思っている状態の個性です。オリジナリティーを持ってマイペースな生き方をします。ターコイズの個性の人は、独特の世界観を持っている人が多く、自分にしかできないことを目指します。そして人と違うことが好きで「変わっている」と言われてもあまり気にしません。また「他人《ひと》は他人《ひと》、自分は自分」という境界線のはっきりした考え方をするのです。自分が納得するまでとことん考えたり、自分の時間や空間をしっかりと持つことを大切にしています。

　有名人で言えば人気絶頂の１９８０年に三浦友和さんとの婚約を発表し、同時に芸能界引退を決めた山口百恵さん（１９５９年１月17日生）です。独自の意志を貫いて、マイペースな生き方を選ぶ、ターコイズらしい決断でした。

　またターコイズは「回る」がキーワードになります。体操の白井健三さん（１９９６年８月24日生）の後方宙返り４回ひねりはとんでもなく高度なひねり技でした。フィギュアスケートでも浅田真央さん（1990年9月25日生）や宇野昌磨さん（1997年12月17日生）なども回転技の達人です。ハンマー投げの室伏広治さん（1974年10月8日生）も高速回転です。

マイペースといえば漫画家の赤塚不二夫さん（1935年9月14日生）。バカボンのパパの決めゼリフ「これでいいのだ」はターコイズそのものです。

人の批判はあまり気にしないという個性も、記者会見で「別に」と答えてお騒がせしてしまった沢尻エリカさん（1986年4月8日生）などに見られます。「そんなの関係ねぇ」の小島よしおさん（1980年11月16日生）、そして中島みゆきさん（1952年2月23日生）もターコイズです。大ヒット曲「時代」のサビの部分には「回る」という言葉が入っていて、まさしくターコイズの象徴とも言えるでしょう。

ちょっと変わった角度から見てみると将棋の藤井聡太さん（2002年7月19日生）や渡辺明さん（1984年4月23日生）もターコイズです。自分の世界を創ることが生きがいとなり、1つのことを突き詰めるのが好きなターコイズは、じっくりと何時間も考え続けるゲームに向いているのです。納得するまで考える、それがターコイズの特徴です。

香取慎吾さん（1977年1月31日生）や所ジョージさん（1955年1月26日生）、井上陽水さん（1948年8月30日生）、カズレーザーさん（1984年7月4日生）、杏さん（1986年4月14日生）、安藤サクラさん（1986年2月18日生）、蒼井優さん（1985年8月17日生）など、自分の世界を創りオリジナリティーあふれる活躍をしています。

経営者では堀江貴文さん（1972年10月29日生）です。何事にも「ハマる」ことが大切だと語り、「どうすれば没頭できるのか」という質問に対して、「自分の手でルールを作ること」と答えています。

1つのことを突き詰めるのが好きで、自分の世界を創ることが生きがいのターコイズらしい発言です。また、自分では「できる人間」だとは思っておらず、ただ好きなことに没頭していただけ、「没頭力」は誰よりも強いと自己分析しています。自分の時間を相手のせいで奪われることを嫌悪し、「自分の時間を生きること」が大切だという考え方は団体行動を好まないターコイズ的感覚です。

野球では野村克也さん（1935年6月29日生）。戦後初の三冠王を獲っただけでなく監督としても大活躍をされました。独自のID（インポートデータ）野球を編み出し、解説者時代は「ノムラスコープ」という9分割されたストライクゾーンのどこに次の球がくるのかを言い当てて視聴者を驚かせたものです。

9分割は今でこそ当たり前になっていますが「ノムラスコープ」は1984年のことです。この方も独自の世界観を持ち、納得するまで考えてマイペースな生き方をするターコイズらしい人生でした。

2024年9月の自民党総裁選に立候補されている高市早苗さん（1961年3日7日生）も、ターコイズらしく、他の候補者と一線を画しています。

歴史上の人物では中国の経済発展を「改革開放」のスローガンで成し遂げた鄧小平（1904年8月22日生）がいます。「白猫であれ黒猫であれ、ネズミを捕る猫が良い猫である」というターコイズらしい割り切りで自分の考えを貫きました。

鄧は四川省の裕福な地主の家で生まれ、16歳でフランスの「勤工倹学」（働きながら学ぶこと）に参加し、パリなどで苦労しながら、やがて中国共産党に入党します。

1949年中華人民共和国の建国後、1952年には副総理に任命されますが、毛沢東が推進した「大躍進政策」の失敗以降、毛沢東との対立を深めていくのです。政策失敗の責任をとって毛沢東が第一線を退いた後、総書記となっていた鄧小平は、国家主席の劉少奇と共に経済の立て直しに奔走します。しかし1966年に毛沢東が仕掛けた「文化大革命」により失脚してしまいます。

その後、周恩来の復活工作により1973年に副総理として職務に復帰するものの、1976年1月に周恩来没後、毛沢東の妻の江青ら4人組に追悼デモの首謀者と認定され再び失脚します。同年9月に毛沢東が死去すると、この4人組が逮捕され、1977年に実に3度目の復活を果たすのです。

このようにターコイズの色エネルギーの持ち主は、何があっても自分の生き方を変えず、人からの批判はあまり気にせずにマイペースに生きていくのです。

○ラブリー イエローグリーン――正直で裏表のない個性（愛されキャラ）

イエローグリーンの色エネルギーを持った人は、人間の一生でいえば生まれたばかりの可愛らしい赤ん坊のような状態の個性です。自然体で正直な生き方をします。

いつも周囲に愛情を注ぎ、優しさや思いやりによって人の心をホッとさせます。どんな場面でもニコニコしていることが多く、みんなから愛されるラブリーな存在です。

有名人で言えば安室奈美恵さん（1977年9月20日生）です。2018年9月15日に引退記念のラストライブ「We love NAMIE HANABI SHOW」が沖縄で開催されましたが、奈美恵さんは浴衣を着てファンと同じ客席から花火を眺めていたそうです。フラットな生き方を好み、ファンとの一体感を大切にしてきた奈美恵さんらしい活動の締めくくりでした。小室哲哉さんが彼女をこう評しています。「本当にあまり喋らない子でした。10割あったら2割しか話さないような子で、最初から芸能人というよりアーティスト」「自分のことを喋りたくないという意志は首尾一貫していました」。

戦場カメラマンとして人気の渡部陽一さん（1972年9月1日生）もイエローグリーンです。おっとりしたしゃべり方でどんな場面でもニコニコされている印象です。

イエローグリーンは、大きな声を出すことも少なく、柔らかい個性で人に気をつかうことのできる、愛されキャラなのです。他にはムロツヨシさん（1976年1月23日生）、佐藤健《たける》さん（1989年3月21日生）、本田翼さん（1992年6月27日生）、安達祐実さん（1981年9月14日生）、指原莉乃さん（1992年11月21日生）、山里亮太さん（1977年4月14日生）、川島明さん（1979年2月3日生）、田村淳さん（1973年12月4日生）、大沢たかおさん（1968年3月11日生）、安《やす》めぐみさん（1981年12月22日生）、GACKTさん（1973年7月4日生）などがいらっしゃいます。

スポーツ選手では野球の桑田真澄さん（1968年4月1日生）、秋山幸二さん（1962年4月6日生）、ゴルフの池田勇太さん（1985年12月22日生）、サッカーの武田修《のぶ》宏《ひろ》さん（1967年5月10日生）。私が、一見イエローグリーンらしくないなと思う方に星野仙一さん（1947年1月22日生）、プロレスの髙田延彦さん（1962年4月12日生）、テニスの松岡修造さん（1967年11月6日生）などがいますが、よくよく見聞きすると素顔は自然体で可愛らしく、正直で裏表のない方々のようです。

政治家では、気さくで柔らかい個性の安倍晋三さん（1954年9月21日生）はイエローグリーンらしいと思いますが、歴史上の政治家では大久保利通（1830年9月26日生）がいます。薩摩で生まれ西郷隆盛と共に明治新政府を樹立し、初代内務大臣として「富国強兵」「殖産興業」を推進した大人物です。同郷の部下にあたる高橋新吉（後の日本勧業銀行総裁・英学者）の述懐です。

「大久保は部下に対しても大変親切な人でした。（中略）私どもを呼ぶのでも決して呼び捨てにせず、また高橋君とさえも言われなかった。いつも『高橋さんあなたが……』という風な物の言い振りで、帰る時は玄関まで送って出てしっかりと辞儀をされた」

岩倉使節団に同行した久米邦武（後の帝国大学教授）は「なにしろ大久保さんは無口な人で汽車の中でも終始煙草ばかり吹かしていた。（中略）大久保さんの笑い振りはどこか親しげな微笑が浮かぶのみで、愛想笑いをするでもなくなんとなく打ち解けた笑い方で、信頼のできる親に対するような気持ちになった」と述べています。

明治の偉大な経営者、岩崎弥太郎（1835年1月9日生）と渋沢栄一（1840年3月16日生）もイエローグリーンの個性です。弥太郎は大物感あふれるごっつい顔の写真が残っているので、意外な印象がありますが、ご存じ三菱財閥の創設者です。土佐の出身で、この方も写真に似つかわしくない個性だったようです。当時の三菱商会はお店の正面に「おかめのお面」を掲げていました。これは「店員たちがお客様に温和な顔つきで接し和やかな気分を与えるため」という願いが込められていました。このお面を見た福澤諭吉は「愛嬌を重んじさせる岩崎は商売の本質を知っている」と感心したといいます。

「近代日本資本主義の父」と呼ばれる渋沢栄一にもイエローグリーンらしいエピソードがあります。2021年のNHK大河ドラマ『青天を衝け』の主人公になったのでご存じかもしれませんが、渋沢は資本主義という言葉を使っていません。合本主義という表現で経済的利益だけでなく公益（みんなの利益）を追求するという使命を重視して、最も適した人材と資本を集めて事業を推進しました。

明治から昭和初期にかけて500以上の企業設立に携わり日本の近代産業の礎を築いたのですが、それでも財閥を形成せず私益だけを追求することはありませんでした。あわせて、イエローグリーンらしいなと思うのは1890年に貴族院議員に推挙されるのですが、翌年には辞任し、1901年に大蔵大臣としての入閣を求められても辞退しています。争い事が多く自然体で生きるのが難しい政治の世界からは距離を置く選択をしたということです。

海外では現在のイギリス国王の元妻であるダイアナ妃（1961年7月1日生）を取り上げてみたいと思います。ダイアナ妃は少女時代から優しい心の持ち主で、特に小さい子が好きですぐに仲良しになりました。また通っていた学校の近くに障害児の施設があり、よくお世話に行っていたそうです。映画「ダイアナ」は2013年に公開されました。事故で亡くなるまでの2年間に焦点を当てた感動作ですが、監督であるオリヴァー・ヒルシュビーゲルが次のように語っています。

「ダイアナは小さい時から愛されたい、受け入れられたい、という気持ちが強かった」
「とても無垢《むく》であり、必要としている人には何でも与えようとしていた」

彼女は恥ずかしそうに上目づかいで喋ったり、内気に見える時があるので「シャイ・ダイ（shy・Di）」というニックネームがあったそうです。生涯に3度来日していますが、とりわけ1986年の最初の公式訪問は日本に「ダイアナフィーバー」と呼ばれる社会現象を巻き起こしました。5月11日の午後、東京青山のホンダ本社から元赤坂の迎賓館までの

2・3キロの道路をオープンカーでパレードし、沿道には9万人もの人が殺到しました。短い生涯を悼んで、今も世界中の人に愛されています。

ダイアナ妃と似たような優しくて柔らかいイメージの歌手にマライア・キャリー（1969年3月27日生）がいます。いつもニコニコと微笑んでいるのが印象的で、イエローグリーンらしくチャリティー活動や慈善事業にも熱心に取り組んでいます。思いやりの精神にあふれるイエローグリーンらしい人生を歩まれているのでしょう。

○フレンドリー　オレンジ――仲間を大切にする個性（明るい突破力）

オレンジの色エネルギーを持った人は人間の一生でいえば一人歩きができるようになり、楽しくて誰とでも仲良くなれるような状態の個性です。楽しいことが大好きで、乗せると止まらないところがあります。楽天的で陽気なので、人に好かれます。自身も人が好きで仲間を大切にし、周りの人を喜ばせながら自分も楽しむ。まさにフレンドリー、それがオレンジの個性です。

あっけらかんと真っ直ぐに前に進んでいくのですが、有名人では、「1・2・3・ダー！」というかけ声で観客を沸かせたアントニオ猪木さん（1943年2月20日生）。とても明るい人で「人が喜んでくれるのが生きがい」という言葉を残しています。ボクシングでは「カエル跳び」や「よそ見パンチ」（あらぬ方向に視線を向けて相手の隙をつくパンチ）などユニークな戦法で人気を博した輪島功一さん（1943年4月21日生）や「オッケー牧場」という謎のフレーズで笑いをとったガッツ石松さん（1949年6月5日生）など共通した要素があります。

お笑いではビートたけしさん（1947年1月18日生）、千鳥の大悟さん（1980年3月25日生）、笑福亭鶴瓶さん（1951年12月23日生）、有吉弘行さん（1974年5月31日生）など、あっけらかんとした明るい人が多く、2023年にイギリスのオーディション番組で大ウケした、とにかく明るい安村さん（1982年3月15日生）もオレンジの個性です。X JAPANのToshIさん（1965年10月10日生）、ユーチューバーのはじめしゃちょーさん（1993年2月14日生）、小池栄子さん（1980年11月20日生）などもオレンジらしい明るい人柄のようですね。

野球では長嶋茂雄さん（１９３６年２月20日生）の天真爛漫な姿がオレンジそのものです。昭和後期の広島カープ全盛期の主力だった衣笠祥雄《さちお》さん（１９４７年１月18日生）と山本浩二さん（１９４６年10月25日生）、２人の引退後に入団した金本知憲《ともあき》さん（１９６８年４月３日生）もオレンジの個性です。ホームランバッターが多いのですが、それは三振を恐れない楽天性と目立ちたがり屋の個性がなせる業だと思います。大相撲では幕内優勝45回の第69代横綱白鵬さん（１９８５年３月11日生）がオレンジの個性です。

政治家だと麻生太郎さん（１９４０年９月20日生）です。明るく気さくな人柄で「親しく付き合えば魅力が伝わる人物」との評価です。斜めにかぶった黒のボルサリーノ帽のギャングスタイルは有名です。戦後まもなく１９４６年から総理大臣を務め、混乱期にあった日本を盛り上げ戦後日本の礎を築いた吉田茂さん（１８７８年９月22日生）もオレンジらしく楽天的な人でした。吉田さんは「戦争に負けて外交に勝った歴史はある」と、マッカーサーに対しては「GOOD LOSER（良き敗者）」として接して信頼関係を築き、占領時代の難局をたくみな戦略で乗り切ったと言えるでしょう。

歴史上の人物では、織田信長（1534年6月23日生）と西郷隆盛（1828年1月23日生）です。信長は厳しく激しい人物として描かれることが多いのですが、実は違った印象のエピソードが数多く残っています。宣教師の護衛として連れてこられたアフリカ出身の黒人男性に興味を示して譲ってもらい、「弥助」と名付けて武士の身分にとりたてて側近に加えています。ゆくゆくは城主にする心づもりもあったようです。

また、豊臣秀吉が浮気をして正室のねねが怒っていることを知ると、ねねに励ましの手紙を出しています。その内容は「ねねよ、前回会った時よりさらに美しくなったなあ、それにしてもお前ほどの女をぞんざいにするとは、あのはげねずみ（秀吉のこと）はけしからんやつだ」「どこを探してもお前ほどの女はおらんだろうに」「だからそなたもおおらかにして少々のことでは騒がないほうがいいだろう」……というものです。最後に「この手紙を秀吉にも見せてやれ」とも書いています。

信長は怖いだけでなく、茶目っ気もあり気遣いのできる人物だったと分かります。また明るく楽天的な個性らしく人を信じ過ぎるところがありました。それが明智光秀の謀反を呼び込んでしまい、無防備な本能寺での宿泊が命取りになったと言えるでしょうか。

西郷隆盛は明治維新の最大の功績者の1人にもかかわらず、その結末は西南戦争での敗北と自決で、あまりにも不釣り合いな最期を迎えてしまいます。西郷は「ひたすら道を行い、道を楽しみ、もし困難に遭いそれを乗り切ろうと思うならば、ますますその道を実践し楽しむという心を持つがいい」というオレンジらしい気概の言葉を残していますし、「断じて行えば鬼神もこれを避ける」とは、オレンジの行動力と突破力を象徴しています。天下布武を掲げてそれを成し遂げた信長と、江戸末期から明治の新時代を一気に駆け抜けた西郷には、楽天性と突破力の共通性（＝オレンジの個性）があります。

海外の人物では毛沢東（1893年12月26日生）がオレンジの個性です。信長や西郷と同じようにこの人も抜群の突破力を見せます。中国湖南省の生まれで、厳格な父によって子どものうちから労働に従事させられつつ勉学に励みました。1923年の第3回共産党大会で中央執行委員会（現在の中央委員会）の5人のうちの1人に選ばれ、1937年に始まった日中戦争では抗日戦線を展開し、蒋介石の国民党軍と共に日本軍と対峙します。

そして、1945年の日本敗戦で再び国民党軍との内戦に突入してしまいます。この戦いで勝利をおさめた毛は、1949年に中華人民共和国の樹立を宣言して中央人民政府主席となります。その後、農工業の増産運動である大躍進政策の大失敗で数千万人もの人が亡くなり、中国国内は大混乱となります。自身が失脚の危機に陥りながらも、権力奪還を目指した文化大革命を仕掛け、亡くなるまで権力の中心に居続けたのでした。

歴史観とは別に、このダイナミックな展開はオレンジの個性のなせる業です。

実は習近平主席（1953年6月15日生）もオレンジの個性です。習近平主席は毛沢東を大変尊敬して毛沢東のような絶対権力者を目指しているようです。会議でもニコリともせず仏頂面で不機嫌そうな態度を見せていますが、その本質は違ったものにありそうです。

2023年に出版された『安倍晋三回顧録』によれば、「(習主席は)自分がもし米国に生まれていたら米国の共産党には入らないだろう。民主党か共和党に入党する」と言ったと記されています。そこから「彼は思想信条ではなく、政治権力を掌握するために共産党に入ったということになります。彼は強烈なリアリストなのです」という評価が生まれています。このように本来のオレンジらしさを殺してでも権力の頂点を極める生き方もあるようです。

○スピーディー　レッドオレンジ――好奇心旺盛な個性（切れ味鋭い）

レッドオレンジの色エネルギーを持った人は、人間の一生でいえばこの世のすべてのことに好奇心いっぱいで成長の早さに驚かされる少年少女のような状態の個性です。活動的で動くことが大好きです。失敗を恐れず超プラス思考。チャレンジ精神にあふれています。そしてスピーディーに物事に対処する瞬発力が大きな特徴です。

有名人でいえば走ることが大好きな間寛平《はざま》さん（１９４９年７月20日生）、ギリシャの鉄人マラソン「スパルタスロン」の２４６キロを３度も完走しています。突っ込みが鋭く、反応が早いのもレッドオレンジの特徴のひとつで、千原ジュニアさん（１９７４年３月30日生）はその典型でしょうか。また兄の千原せいじさん（１９７０年１月25日生）はテレビの「世界の村で発見、こんなところに日本人」という番組でレッドオレンジの個性らしい、冒険好きで好奇心旺盛なところを見せていました。

他に、ユーチューバーのヒカキンさん（1989年4月21日生）、日本を代表するギタリスト布袋寅泰《ほていともやす》さん（1962年2月1日生）や松山千春さん（1955年12月16日生）、キレッキレのダンスパフォーマンスを見せる三浦大知さん（1987年8月24日生）、Mattさん（1994年7月18日生）、渡辺直美さん（1987年10月23日生）。俳優の松坂桃李さん（1988年10月17日生）と元AKBの大島優子さん（1988年10月17日生）は同年同月日生まれのレッドオレンジの個性です。仲里依紗《なかりいさ》さん（1989年10月18日生）、MISIAさん（1978年7月7日生）、石田純一さん（1954年1月14日生）、由美かおるさん（1950年11月12日生）など、キラキラした魅力的な人物が多いのがレッドオレンジです。元タッキー&翼の滝沢秀明さん（1982年3月29日生）は2023年にエンターテインメント会社TOBEを設立しましたが、最初に合流した三宅健さん（1979年7月2日生）とともにレッドオレンジです。ケンタッキーの愛称は面白かったですね。

歴史上の人物では武田信玄（1521年12月1日生）がいます。信玄といえば騎馬軍団が有名で、「疾《はや》きこと風の如く」とあるようにスピードを重視した戦術を得意としていました。信玄は21歳の時に父・信虎を追放して甲斐国の実権を握りましたが、儒教の教えが広く浸透していた時代に実の父を追放するというのはかなり過激な行動です。目的を達成するためには手段を選ばず、最も速く成果を得るための行動をとるところがいかにもレッドオレンジらしい生き方だと思います。

政治家では田中角栄さん（1918年5月4日生）。1972年に総理大臣になり「コンピューター付ブルドーザー」と呼ばれるほど、切れ味鋭い頭脳と力強い行動力を併せ持った人でした。決断が早く、陳情などは1件3分でテキパキこなす。短気でせっかちで結論も早く、口癖は「結論を先に言え。理由を3つに限定しろ」だったそうです。角栄さんのゴルフはせっかちゴルフといわれて有名で、多い時には1日3ラウンド廻ったほどですが、1981年の夏には1か月で56・5ラウンド、ホールにして1017ホールも廻り、1日平均にすると32・8ホールをこなしたことになります。

建築家の安藤忠雄さん（1941年9月13日生）もレッドオレンジの個性です。高校在学中の17歳の時にプロボクサーのライセンスを取得し「グレート安藤」というリングネームでデビューします。月給1万円の時代に、4回戦（4ラウンド制の試合）のファイトマネーが4千円という報酬にひかれたそうですが、わずか1年半10試合ほどで引退します。その後、独学で毎日15時間以上勉強して一級建築士試験に一発で合格すると、24歳から7か月間アメリカ、ヨーロッパ、アフリカ、アジアへ放浪の旅に出るのです。

インドでは生と死が渾然《こんぜん》一体となる混沌の世界に強烈な印象を受け、「人生というものは所詮、どちらに転んでも大した違いはない。ならば闘って自分の目指すこと信じることを貫き通せばいい」と決心したそうです。失敗を恐れないチャレンジ精神が旺盛で冒険好きなレッドオレンジらしい覚悟です。

経営者では楽天グループの創業者であり、代表取締役会長兼社長の三木谷浩史さん（1965年3月11日生）がいます。一橋大学を卒業後興銀（現みずほ銀行）に入行し、その後ハーバード大学に留学、28歳でMBAを取得して帰国。1995年に興銀を退社して楽天を設立すると、わずか3年でスピード上場を果たしました。

Eコマースのパイオニアとして、「インターネットではモノを買わない」と言われた時代にネットショッピングモール「楽天市場」を開設し、2023年12月期の売上は2兆円を越えました。楽天グループの「成功のコンセプト」の中に「スピード!!スピード!!スピード!!」というものがあります。他社が1年かかるところを1か月でやり遂げるスピード、これが勝負の分かれ目だと言うのです。まさにスピーディーレッドオレンジの面目躍如といったところです。

○スマート イエロー――聡明な発想力を持つ個性（かっこ良く生きたい）

イエローの色エネルギーを持った人は、人間の一生でいえば青春時代、スマートでかっこいいことにあこがれる若者のような、成長意欲いっぱいの状態の個性です。

新しいものや最先端の情報に敏感で、オープンハートで誰とでもフランクに接し、ユーモアにあふれた精神の持ち主です。

希望にあふれた発展家で、有名人でいえば松田聖子さん（1962年3月10日生）。1980年代を代表するアイドルで、ぶりっ子と言われるほどの可愛らしい仕草が人気を博しました。デビューから40年あまり、過激なプライベート報道や様々なバッシングに遭いながらもなおアイドルと呼ばれ続けるその活動に敬意を表して「永遠のアイドル」と称されることもあります。他にも、綾瀬はるかさん（1985年3月24日生）、宇多田ヒカルさん（1983年1月19日生）、菜々緒さん（1988年10月28日生）もイエローの個性です。矢沢永吉さん（1949年9月14日生）もスマートに向上心を発揮するイエローらしい人生を送られています。

そのほか、芸能人ではユーモアの精神をお持ちの研ナオコさん（1953年7月7日生）、やしきたかじんさん（1949年10月5日生）、イモトアヤコさん（1986年1月12日生）、はるな愛さん（1972年7月21日生）などがいますが、ちょっと違った角度から笑いをとるのが、オードリーの春日俊彰さん（1979年2月9日生）とダチョウ倶楽部の上島竜兵さん（1961年1月20日生）です。

春日さんは「トゥース」と叫びながら左手人差し指を胸の前に出すネタ、上島さんは怒って帽子をたたきつけるリアクションのネタですが、これもアプローチを変えた「かっこ良さ」の表現かもしれません。上半身裸で頑張る江頭2：50さん（1965年7月1日生）も同様です。KinKi Kidsの堂本光一さん（1979年1月1日生）と堂本剛さん（1

979年4月10日生）もイエローです。光一さんはファンから「王子」と称されていますし、剛さんは短パンとレギンスの組み合わせやアシンメトリーの髪型などで流行をつくりました。

グラミー賞を12度も受賞したテイラー・スウィフト（1989年12月13日生）もイエローの個性です。彼女の楽曲は自身の経験に基づいた歌詞が特徴で、恋愛、友情、失恋などをキャッチーな歌詞にのせて、かっこ良く、スマートに歌い上げていきます。

政治家でいえば小池百合子さん（1952年7月15日生）。ニュースキャスターから1992年に政界へ転身し、日本新党を皮切りに新進党、自由党、自由民主党などを経て、都知事に就任されました。まさに成長意欲にあふれた発展家の本領発揮というところです。

また衆議院議員の小泉進次郎さん（1981年4月14日生）もイエローの個性です。スマートな言動で人気があり、すでに5回の当選を果たしています。2019年、国連の気候行動サミットに環境大臣として出席した際「気候変動のような大きな問題は楽しく、クールで、セクシーに取り組むべきです」とイエローの個性らしくかっこ良く発言し、国内外で物議をかもしました。2024年9月の自民党総裁選で注目されている、元小石河連合の小泉進次郎さん、石破茂さん（1957年2月4日生）、河野太郎さん（1963年1月10日生）は3人共イエローで、似た者同士なのです。

歴史上の人物では豊臣秀吉（1537年3月17日生）がイエローです。

秀吉が日本人に愛され続ける理由は、誰とでもフランクに接する人柄と、人への気配りに優れていることからでしょう。また、ひょうきんな一面を持ち、名護屋城（佐賀県唐津市）では「コスプレ茶会」なども開いていました。このとき秀吉は「瓜売役《うりうりやく》」に扮し、伊達政宗は「山伏」に扮していたようです。また奈良吉野の花見の会などは総勢5000人の規模で、この時も秀吉は「茶店の下人」の扮装をしていました。

このようにユーモアの精神にあふれたイエローらしい側面を見せていた秀吉ですが、戦術面でもイエローらしい気配りを見せます。「天王山の戦い」という言葉の元になった山崎の戦いでのエピソードです。「上様（信長）本能寺にて討死に」との一報をうけた秀吉はすぐさま毛利と和睦《わぼく》し、京へと引き返します。有名な「中国大返し」ですが、京の入口にあたる山崎で明智光秀の軍との決戦になり、準備不足の明智軍は崩れて後方の勝竜寺城に立てこもります。

ここで信長なら「勝竜寺城を包囲し、全滅させよ」と命じるかもしれませんが、秀吉はわざと後方の坂本城方面の包囲を解かせ、あえて逃げ道をつくりました。人間、逃げ道があればどうにも心がそちらに向くものです。包囲が解かれた明智軍は抗戦の意欲をそがれ、あっという間に消滅しました。このように無用な被害を避け、スマートに戦いを差配する戦法もまたイエローらしいものです。


海外の政治家ではドナルド・トランプ（1946年6月14日生）です。この方は不動産業の富豪として有名になり、その後2016年11月の大統領選挙で民主党のヒラリー・クリントンに勝って大統領に就任します。2019年11月の選挙ではコロナ禍のため大量の郵便投票が行われた影響もあったようですが、バイデンに敗北します。2024年に再び共和党の公認候補となり、返り咲きに意欲的です。

彼は、2004年からNBCテレビの「アプレンティス（見習い）」という番組にホスト役として登場し「You're Fired（お前はクビだ）」と宣告するセリフが人気となり、ますます知名度が上がりました。もちろん会場は大笑いになり盛り上がるのです。「アプレンティス」は子どもの間でもブームとなり、「お前はクビだ」と直に言われたいという末期ガンの少年の要望で会いに行ったことがありました。その少年は「アプレンティス」出場者のようにスーツとネクタイを着用してトランプと対面しましたが、「お前はクビだ」とはどうしても言えず「がんばれ、人生を楽しんでくれ」と言って帰ってしまったそうです。

またトランプはプロレス好きとして知られ、2007年にメジャー団体WWEのリングレスラーとして登場し、その時の相手はWWEのオーナーでした。億万長者同士の対決として盛り上がるのですが、そこはもちろんパフォーマンス、観客を喜ばせるイエローらしいエピソードでした。

アップルの創業者スティーブ・ジョブズ（1955年2月24日生）もイエローです。三宅一生さんがデザインした黒のタートルネックをおしゃれに着こなしました。ジョブズのためにつくった黒のタートルは100着ほどにもなったそうです。

マイクロソフトの創始者ビル・ゲイツ（1955年10月28日生）もイエローの個性です。ビジネスセンスは反競争的で、独自の技術開発で成功しました。2021年の段階で彼の純資産は15兆円以上もあるそうですが、約50ドルのカシオ製のダイバーズウォッチがお気に入りのようです。大の日本好きで、京都と軽井沢に別荘を持ち、京都は約1000坪の和風豪邸、軽井沢は6000坪の土地に延床面積1800坪の大邸宅です。

このようにトランプの冗談好き、ジョブズのおしゃれな着こなしと最先端を行くビジネスセンス、ビル・ゲイツの最先端の技術開発と反競争主義など、イエローの個性らしい能力を発揮して大成功を収めたのです。

○パーフェクト インディゴ——分析力に優れた個性（厳格であるが細かすぎない）

インディゴの色エネルギーを持った人は、人間の一生でいえば壮年期に入り、年齢的にも実力的にも充実し、社会からも理想的な振る舞いを要求されている状態の個性です。ひとことで言えば厳格な雰囲気を持った人ですが、その半面、細かいことにはこだわらず、大胆に生きていきます。毅然とした態度をとることが多いので強い人と見られがちですが、用心深く慎重な一面も持っています。

有名人でいえば、アンミカさん（1972年3月25日生）、百田尚樹さん（1956年2月23日生）、DREAS COME TRUEの吉田美和さん（1965年5月6日生）、ダウンタウンの松本人志さん（1963年9月8日生）と浜田雅功《まさとし》さん（1963年5月11日生）、いかりや長介さん（1931年11月1日生）、ボクシングの竹原慎二さん（1972年1月25日生）、俳優の松田優作さん（1949年9月21日生）、漫画家の小林よしのりさん（1953年8月31日生）、卓球の福原愛さん（1988年11月1日生）、フィギュアスケートの伊藤みどりさん（1969年8月13日生）など、厳しさを感じさせる個性の持ち主が多いのです。

政治家では小泉純一郎元首相（1942年1月8日生）。「自民党をぶっこわす」という厳しくも大胆な発言は有名です。

日本が太平洋戦争に敗れた後、連合国軍最高司令官として日本を統治したダグラス・マッカーサー（1880年1月26日生）もこのインディゴの色エネルギーの持ち主です。常に威厳のある振る舞いで、象徴的なのは1945年8月30日にマッカーサーが神奈川県の厚木に降り立った時の様子です。この状景は有名で、パイプをくわえた姿をビデオや写真などでご覧になったことがあるかもしれません。彼はタラップに踏み出してもすぐには階段を降りずに、まずは１８０度周囲を見渡し、その後悠然とタラップを下って厚木の地に降り立ったのです。まさにインディゴらしい振る舞いだと思います。また中途半端が嫌いで物事には徹底的に取り組む傾向にあるマッカーサーは、その後朝鮮戦争で原子爆弾の使用を米政府に提案して司令長官の地位を解任されることになるのです。

スポーツでは、野球の清原和博さん（１９６７年８月18日生）、田中将大《まさひろ》さん（１９８８年11月１日生）、サッカーの三浦知良《かずよし》さん（１９６７年２月26日生）、柔道の谷亮子さん（１９７５年９月６日生）、レスリングの吉田沙保里さん（１９８２年10月５日生）などです。相手に厳しさを感じさせるという面があります。

経営者ではソフトバンクグループの創設者孫正義さん（１９５７年８月11日生）。孫さんは19歳の時に「20代で名乗りを上げ、30代で軍資金を最低で１０００億円貯め、40代でひと勝負し、50代で事業を完成させ、60代で事業を後継者に引き継ぐ」という人生50年計画を立てその計画の実現に向けて走り続けています。

意志の固さはインディゴの特徴で、信念を持ち自分の役目を貫きます。

同じくSBIホールディングスの北尾吉孝さん（1951年1月21日生）もインディゴの個性です。1995年、野村証券にいた北尾さんは孫さんからスカウトされソフトバンクの常務取締役に就任します。その後1999年にソフトバンクの子会社としてソフトバンクインベストメント（SBI）を設立し、社長になります。2001年ネットバブルが弾けたあと、ソフトバンクも赤字が続き、一時は時価総額が20兆円から2000億円にまで落ち込んだのです。「1年間で100分の1です。時価総額2000億円の会社が年間1000億円の赤字を出していた訳ですから、よく生き延びたな」と孫さんは語ります。

歴史上の人物では2013年のNHK大河ドラマ「八重の桜」の主人公になった山本八重（1845年12月1日生）がいます。1868年の明治新政府との意地をかけた会津戦争では、断髪男装して、自らスペンサー銃を持って奮戦しました。1871年京都府の顧問となっていた実兄山本覚馬《かくま》を頼って上京し、京都女紅場《にょこうば》（後の京都府立第一高女）の権舎長となり、1875年に後に同志社大学を設立する新島襄《じょう》と結婚するのですが、インディゴの人は常に毅然とした態度で自分の信念を曲げず、人前では弱音を吐きません。完全を目指し、自分の役割を貫き通す個性なのです。

変わったところでは古坂《こさか》大魔王さん（1973年7月17日生）がインディゴです。2016年「ピコ太郎」として「ペンパイナッポーアッポーペン（PPAP）」と歌って踊る動画をユーチューブで配信すると、再生回数7億回を超えるなど世界134か国で話題となりました。インディゴの個性は厳格な面を持っているので、素のままではふざけたり、茶化したりがしにくいのかもしれません。「ピコ太郎」に扮するのは一種の照れ隠しなのです。爆笑問題の田中裕二さんと仲が良く、田中さんは古坂さんを評して「楽屋真打の代表選手」「楽屋では誰よりも皆を笑わせるんだけど、本番ではそれを一切発揮できない」と語っています。人前ではキッチリした態度をとってしまいがちなインディゴの個性が出ているのかもしれません。学園祭の営業ネタを見た学生が「つまんない」と言ってきた時詰め寄って、「えっえっ何？　何？　君のほうが面白いの、じゃあ面白いネタ言ってみて、3、2、1　ハイ言えない」とムキになって煽《あお》ったり、飲み屋で騒いでる大学生に向かって「プロの前ではしゃぐな」と激怒するなどは、インディゴらしいエピソードがあるようです。

○バランス ブルーグリーン――バランスのとれた個性（悠然とした）

ブルーグリーンの色エネルギーを持った人は、人間の一生で言えば中年期に入り落ち着きとバランスのとれた状態の個性です。誠実で義理堅く、一歩一歩着実に進んでいきます。一見穏やかでソフトな印象の人が多いのですが、内に秘めた強さは相当のものがあります。博愛の精神にあふれ、平等主義で物事を俯瞰《ふかん》して見ることができるので、バランス感覚に優れている人だと言えます。

有名人でいえば明石家さんまさん（1955年7月1日生）やタモリさん（1945年8月22日生）、大泉洋さん（1973年4月3日生）、福山雅治さん（1969年2月6日生）、郷ひろみさん（1955年10月18日生）など、安定感と存在感のある方が多いようです。悠然とした落ち着きのある態度がちょっと偉そうに感じさせる人もいますが、並外れた芯の強さを持っています。女優の夏目雅子さん（1957年12月17日生）や松本伊代さん（1965年6月21日生）、MEGUMIさん（1981年9月25日生）、井上真央さん（1987年1月9日生）などもブルーグリーンの個性です。

スポーツ選手では水泳の池江璃花子さん（2000年7月4日生）、野球では王貞治さん（1940年5月20日生）です。王さんのリーダーシップの取り方の特徴は、原則を曲げず、1つの道を貫き通すところにあります。「道具を丁寧に扱い、同じミットを10年以上も使い続けた」や「ファンレターや年賀状の返事は必ず書いていた」などのエピソードはブルーグリーンらしさを物語っています。同時代に活躍した野村克也さんは「王は常に謙虚で周りを気遣う紳士であり、特に弱い立場の人への配慮を欠かさなかった」と褒め称えていました。このような王さんのエピソードは「決めたことは徹底してやる」ところや「平等主義」であるところなど、ブルーグリーンらしさがあふれています。

歴史上の人物でいえば上杉謙信（1530年2月18日生）です。この人は生涯で70回の戦をしましたが、敗北したのはわずか2回だけなのです。勝ち戦と見てもリスクを感じると深追いせず、相手にダメージを与えて引き揚げるというブルーグリーンらしいバランス感覚を実践した結果でしょう。

また上杉軍は兵8000人という比較的少なめの軍を率いて、とくに機動力と攻撃力のバランスに注力していました。兵が多過ぎると動きは遅くなり、少ないと攻撃力は落ちる。両者のバランスが1番とれる兵力が8000人の軍勢だと考えたわけです。謙信は自身を戦いの神、毘沙門天《びしゃもんてん》の生まれ変わりと称していましたが、戦いに挑む時は鎧《よろい》の下に慈悲の仏の教えである観音経を忍ばせていたそうです。これも、戦いにおいて精神のバランスをとる手段だったのかもしれません。

政治家ではアメリカ合衆国第44代大統領バラク・オバマ（1961年8月4日生）です。これは2001年9月11日の朝に起きたアメリカ同時多発テロ事件の直後に語った言葉です。

「我々は広島を爆撃した。そして我々は長崎を爆撃した。そして我々は核爆弾を落とし、このたびニューヨークとペンタゴンで殺された数千人よりもはるかにたくさんの人々を殺害した。我々はこのことから目を背け続けている」

「平等主義」「博愛主義」のこのような意識が2016年のオバマ大統領の広島訪問となり、それが2023年のG7サミットでの各国首脳の広島訪問につながっていったのだと思います。

ブルーグリーンらしい有名な詩を残したのが宮沢賢治（1896年8月27日生）です。岩手県で生まれ『銀河鉄道の夜』や『風の又三郎』などの著作が有名ですが、「雨ニモマケズ」という詩は、いかにもブルーグリーンの個性をあらわしているのでここに取り上げてみましょう。

雨ニモマケズ
風ニモマケズ
雪ニモ夏ノ暑サニモマケヌ
丈夫ナカラダヲモチ
慾ハナク
決シテ瞋ラズ
イツモシヅカニワラッテヰル

（中略）

東ニ病気ノコドモアレバ
行ッテ看病シテヤリ
西ニツカレタ母アレバ
行ッテソノ稲ノ束ヲ負ヒ
南ニ死ニサウナ人アレバ
行ッテコハガラナクテモイヽトイヒ
北ニケンクヮヤソショウガアレバ
ツマラナイカラヤメロトイヒ
ヒデリノトキハナミダヲナガシ
サムサノナツハオロオロアルキ
ミンナニデクノボートヨバレ
ホメラレモセズ
クニモサレズ
サウイフモノニ
ワタシハナリタイ

ブルーグリーンの博愛主義の精神があふれ出した、感動的な詩だと思います。

○コミュニケーション ブルー――成熟した人間関係の個性（不思議な存在感）

ブルーの色エネルギーを持った人は、人間の一生でいえば高年期に入り、様々な人たちとのコミュニケーションを大切にしつつ、陰になり日なたになって温かく見守りながら援助していくような状態の個性です。謙虚に振る舞い、かつ柔軟な社交力があり、会話のキャッチボールを楽しめるような人です。また、経験や実績を重んじる傾向があり、「すべての経験が自分を創る」と信じて、陽の目を見ない時期でもコツコツと目の前の仕事に取り組む粘り強さと堅実さを持っています。

日常会話の達人なのでワイドショーの司会者にはぴったりの存在です。ＴＢＳの『情報7days』『THE TIME,』の安住紳一郎さん（１９７３年８月３日生）、日本テレビ『スッキリ』の加藤浩次さん（１９６９年４月26日生）、フジテレビ『とくダネ』の小倉智昭さん（１９４７年５月25日生）、ＴＢＳ『ひるおび』の恵《めぐみ》俊彰さん（１９６４年12月21日生）など、ブルーの個性に多くの名司会者がいるのもうなずけます。1979年から1992年まで放送されていた『2時のワイドショー』の司会者、上沼恵美子さん（1955年4月13日生）もブルーです。他にもお笑い芸人で司会もやる千鳥のノブさん（1979年12月30日生）、今田耕司さん（1966年3月13日生）、小籔千豊《こやぶかずとよ》さん（1973年9月11日生）、宮川大輔さん（1972年9月16日生）もブルーの個性です。

他に有名人では、舘ひろしさん（1950年3月31日生）、武田鉄矢さん（1949年4月11日生）、眞鍋かをりさん（1980年5月31日生）、田中みな実さん（1986年11月23日生）、有村架純さん（1993年2月13日生）、広瀬アリスさん（1994年12月11日生）、きゃりーぱみゅぱみゅさん（1993年1月29日生）、天海祐希さん（1967年8月8日生）、小雪さん（1976年12月18日生）など、不思議な存在感とともに、まじめで慎重な印象の人が多いようです。「私の背中を見て」とチームメイトを励ました、2011年ワールドカップ「なでしこジャパン」のキャプテン澤穂希《さわほまれ》さん（1978年9月6日生）も「見えないところでも頑張り」「クールのように見えて熱い」ブルーの個性らしいリーダーシップのとり方でした。

歴史上の人物では、明治維新で活躍した木戸孝允《たかよし》（桂小五郎）（1833年8月11日生）や広沢真臣《さねおみ》（1834年2月7日生）、江藤新平（1834年3月18日生）、最後の将軍徳川慶喜（1837年10月28日生）などがブルーです。長州藩出身の木戸孝允は明治の元勲として、大久保利通、西郷隆盛とともに維新の三傑の1人に数えられています。明治維新の成否を決めた薩長同盟は坂本龍馬の立ち会いのもと、西郷隆盛と木戸との間で結ばれました。木戸はこの時まだ西郷を信用できず、龍馬に約定の裏書を要求しています。慎重なブルーらしい一面を垣間見るようです。

また木戸の名言の1つに「人の功を取って我が拙を捨て、人の長を取って我が短を補う」というものがありますが、人それぞれの役割を分担して事にあたるべきだと考えていたのでしょう。

徳川慶喜は最後の将軍として損な役まわりを背負ってしまうことになりました。同盟が成立して勢いづいた薩長軍は、岩倉具視《ともみ》の活躍で倒幕の密勅を手に入れ、錦の御旗を掲げて鳥羽伏見の戦いに向けて進軍します。これを聞いた慶喜は、大規模な内戦を防ぐためにも朝廷に刃向かうことを避け、西国における幕府の拠点城郭だった大坂城から開陽丸で江戸に撤退することにしました。この「大坂城敵前逃亡事件」によって、慶喜は自らの政治生命を絶つことになりますが、我を張らず冷静に事態を見極めたことで日本は救われたとも言えるのです。

海外に目を移すと、ジョン・F・ケネディ（1917年5月29日生）がブルーの個性です。1960年の大統領選挙で共和党のニクソンとの争いに僅差《きんさ》で勝ち、43歳の若さで第35代大統領に就任しました。この選挙では初となるテレビ討論が行われました。直前の支持率調査では現職の副大統領であるニクソンが有利となっていましたが、テレビ映えする若々しいケネディの弁舌巧みな姿が有権者を魅了したのです。

特に1962年9月12日にライス大学のライススタジアムで行った4万人の群衆の前での演説は有名です。「私はこの10年が終わる前に月に人間を送り込む。この目標を達成するためにこの国はコミットするべきであると信じています」

ここからアポロ計画が始まり、1969年7月20日にアポロ11号が人類史上初の月面着陸に成功し、無事帰還するという快挙を成し遂げました。

慎重ながらコミュニケーション能力が高く、見えないところでもしっかりと粘り強く物事に取り組むのがブルーの個性です。

他にもマドンナ（1958年8月16日生）やレディー・ガガ（1986年3月28日生）もブルーの個性です。

○ドリーム マゼンタ――現実を見ながら夢想する個性（夢と現実のはざま）

マゼンタの色エネルギーを持った人は、人間の一生で言えば老年期に入り、過ぎた人生を思い出しながら、なお夢を追い求めている状態の個性です。夢を追いかけながらも現実を見て目標をしっかり達成する「夢想する現実主義者」と言えるでしょう。サービス精神が旺盛で周りを喜ばせることが大好きです。ビジネスの才に長けた人も多いのですが、これも現実対処能力（現実）とビジョン構築能力（夢）の両方を併せ持っていることが大きいと思います。芸術やスポーツの才能に恵まれた人も多く、魅力にあふれたマゼンタの個性に注目です。

有名人では木村拓哉さん（1972年11月13日生）や中村獅童さん（1972年9月14日生）、櫻井翔さん（1982年1月25日生）、三浦友和さん（1952年1月28日生）、真田広之さん（1960年10月12日生）、菅田将暉《すだまさき》さん（1993年2月21日生）、梅沢富《と》美《み》男《お》さん（1950年11月9日生）、中尾彬さん（1942年8月11日生）、石原裕次郎さん（1934年12月28日生）、高倉健さん（1931年2月16日生）、阿部寛さん（1964年6月22日生）、秋元康さん（1958年5月2日生）、小室哲哉さん（1958年11月27日生）、鈴木福さん（2004年6月17日生）、太田光さん（1965年5月13日生）など。

女性は、米倉涼子さん（1975年8月1日生）、工藤夕貴さん（1971年1月17日生）、大地真央さん（1956年2月5日生）、川島なお美さん（1960年11月10日生）、山口智子さん（1964年10月20日生）、石原さとみさん（1986年12月24日生）、高橋みなみさん（1991年4月8日生）、芦田愛菜《まな》さん（2004年6月23日生）など、挙げればキリがないくらい魅力にあふれた人がいます。

スポーツの世界ではサッカーの中田英寿《ひでとし》さん（1977年1月22日生）、野球の野茂英雄さん（1968年8月31日生）、前田健太さん（1988年4月11日生）、フィギュアスケートの羽生結弦さん（1994年12月7日生）など、皆さん夢とロマンにあふれ、かつそれを具現化しているのです。

作家、脚本家、画家などクリエイティブな世界では、村上春樹さん（1949年1月12日生）や三谷幸喜さん（1961年7月8日生）、岡本太郎さん（1911年2月26日生）など、華やかな印象の方が多く、キラキラした魅力にあふれイメージをふくらませ目標を達成していくのがマゼンタの個性です。

経営者では、パナソニック創業者の松下幸之助さん（1894年11月27日生）、ダイエーの創業者の中内㓛《いさお》さん（1922年8月2日生）、セブン-イレブンを成功させた鈴木敏文さん（1932年12月1日生）など優秀な方が多いようです。

松下幸之助さんの経営哲学の1つに「水道哲学」があります。これは「高品（良質な商品）を大量に生産供給することで価格を下げ、人々が水道の水のように容易に商品を手に入れられる社会を目指す」というもので、マゼンタの現実主義者の側面がよく見えます。

「経営の神様」と言われた松下幸之助さんですが、一方ビジネス以外でも倫理教育ではPHP研究所、政治家やリーダーの養成のためには松下政経塾を立ち上げるなど、マゼンタの理想主義の一面を見ることができます。

政治家では2021年に首相になった岸田文雄さん（1957年7月29日生）がいます。この人は夢と現実のはざまを生きるマゼンタの個性の人です。2018年の自民党総裁選挙では立候補を見送り、党内からは「乗り遅れ」と冷ややかな声も出ましたが、これも禅譲を期待するマゼンタらしい展望の結果でした。そして2021年9月の総裁選で自由民主党総裁に選ばれ、ついに首相の地位を手にするのです。長期的展望を持つマゼンタの人らしく、決してあせらず、時を待ち、最高の結果を手に入れました。

2024年には自民党の裏金問題などで支持率の低下などの苦難の時を迎えますが、意外にもタフな現実対処能力を見せます。2024年4月の訪米においても、上下両院合同会議での演説で、全く原稿に目をやることなく約35分間の英語でのスピーチをこなしました。自由、民主主義、法の支配という原則をアメリカとともに守るという決意を述べた際も、

「私はアメリカへの強い愛情からこのことを述べているのではありません」

「私は理想主義者であると同時に現実主義者です」

「この原則を守ることは日本の国益を守ることでもあるのです」

とマゼンタらしい表現でスピーチを盛り上げました。


歴史上の人物では徳川家康（１５４３年１月31日生）です。この人の特徴は、決して急がず長期的展望を持って天下取りの目標を達成したことでしょう。「織田がつき　羽柴がこねし天下餅　すわりしままに食うは徳川」という落首（匿名の風刺歌）が有名ですが、信長が開拓した全国統一を秀吉が完成させ、秀吉の死を待って徳川の天下を永く続けたことに対する風刺です。突っ走る信長の意図に従い同盟を結び、信長の死後もまだ天下を狙わず、秀吉に関東への移封を命ぜられても耐え、辛抱強く湿地帯ばかりの江戸の地を開拓しました。じっくりと力を蓄えて天下取りの時を待っていたのです。

健康に対する意識も高かったようで、当時としては長寿の75歳（満73歳４か月）まで生き、徳川長期政権の元を築きました。

海外の経営者でいえば、フェイスブックを立ち上げたマーク・ザッカーバーグ（１９８４年５月14日生）がいます。２０２１年にメタプラットフォームズという社名に変更したのですが、これは業績悪化しつつあるフェイスブックよりも今後の成長が見込めるメタバース（仮想空間）の開発を事業の中核に据えるためだと言います。これも夢とロマンにあふれたマゼンタらしい決断です。

面白いのは彼がブラジリアン柔術にはまり、試合に出場していることです。総合格闘技のファンでもあり、実際に２０２３年11月には試合に向けた練習中に左ひざ前十字靭帯を断裂する大ケガを負ってしまいました。

この方は仮想空間でのイマジネーションの広がり（夢）を楽しみながら、一方で肉体の鍛錬や戦いでの肉体の苦痛を通して現実を確認するという、まさにマゼンタの個性である夢と現実のはざまを生きているのだと思います。

○パッション　レッド――大胆な行動を伴う情熱の個性（突き進む情熱）

レッドの色エネルギーを持った人は、人間の一生でいえば人生を全《まっと》うしつつある人が、やり残したことを「今やらねば間に合わない」と情熱を燃やしている状態の個性です。情熱的に何かに打ち込んでいたいと思い、エネルギッシュな人生を送ります。忍耐力もあり、徹底した努力を続けて、目標を達成するまで熱心に活動を続けるのです。

爆発力があり、何事も全力投球する個性なので、例えば野球選手でいうとホームランバッターが多いのです。そして皆さん不敵な面構えをしています。

和田一浩さん（1972年6月19日生）、山﨑武司さん（1968年11月7日生）、門田博光さん（1948年2月26日生）、村田修一さん（1980年12月28日生）、谷繁元信《たにしげもとのぶ》さん（1970年12月21日生）、中村剛也《たけや》さん（1983年8月15日生）、落合博満さん（1953年12月9日生）、小笠原道大《みちひろ》さん（1973年10月25日生）、原辰徳《たつのり》さん（1958年7月22日生）などです。ピッチャーでは江夏豊さん（1948年5月15日生）がいます。

格闘家の小川直也さん（1968年3月31日生）や元横綱貴乃花さん（1972年8月

12日生）もレッドの個性です。

芸能人でいえば中居正広さん（1972年8月18日生）、高田純次さん（1947年1月21日生）、コロッケさん（1960年3月13日生）、宮根誠司さん（1963年4月27日生）、和田アキ子さん（1950年4月10日生）、倖田來未《くみ》さん（1982年11月13日生）、小泉今日子さん（1966年2月4日生）、篠原涼子さん（1973年8月13日生）、松任谷由実さん（1954年1月19日生）、吉永小百合さん（1945年3月13日生）など、ちょっとせっかちな感じがありながらも大物感のある方々です。陣内智則さん（1974年2月22日生）や片岡愛之助さん（1972年3月4日生）、前田敦子さん（1991年7月10日生）やフィギュアスケートの荒川静香さん（1981年12月29日生）もこれからに期待できる大物感があります。漫才師の横山やすしさん（1944年3月18日生）も、レッドらしい生き急いだ人生でした。

歴史上の人物では幕末の乱世を駆け抜けた坂本龍馬（1836年1月3日生）と勝海舟（1823年3月12日生）です。土佐藩の郷士の家に生まれた龍馬は江戸に出てほどなく勝海舟と出会います。龍馬自身が「日本第一の人物」と称賛した勝の引き立てで、その後、神戸海軍操練所の塾頭に任ぜられ活躍の足がかりをつかんだのです。2人は同じレッドの個性で、すぐに波長が合いました。

「スノウカラー」が同一の場合、よく似た個性が相乗効果を生むことがあり、価値観や好みなども共通する場合が多いので、お互いに親近感を持つようになるのです。

同じようなことが石原慎太郎さん（1932年9月30日生）と橋下徹さん（1969年6月29日生）の間でも起こりました。元東京都知事で芥川賞作家の石原慎太郎さんと、「大阪維新の会」を立ち上げた橋下徹さんが意気投合して、2013年に「日本維新の会」の共同代表に就任したのです。2022年2月に石原さんは亡くなりましたが、その前年の12月13日に橋下さんは石原さんの自宅を訪れたそうです。車いすに乗った石原さんと談笑し、話題は国のことや皇室、靖国神社、核ミサイル、橋下さんの子どもにまで及んで「石原節」は健在だったとか。最後に石原さんは橋下さんを玄関まで見送り「友よ、ありがとう」と握手して別れたそうです。この2人のエネルギッシュな行動力や爆発力のあるところ、せっかちで焦っているように見える態度など、まさにレッドの特徴です。

幻冬舎社長の見城徹さんの石原慎太郎さんについての文章があります。

「石原慎太郎ほど殺人や死を書き続けた文学者は世界中を探しても他に類を見ない」

「あの爽やかでハンサムな笑顔の裏には常に自分が直面する現実に対する嫌悪と憤怒が渦巻いている」

レッドの個性の色エネルギーは消えかけたろうそくの火が最後の一瞬に燃え盛る集中のエネルギーなのです。

満州事変を主導した石原莞爾《かんじ》（1889年1月18日生）や太平洋戦争時の首相を務めた東條英機（1884年7月30日生）や硫黄島《いおうとう》玉砕の指揮官栗林忠道《ただみち》（1891年7月7日生）などもレッドの個性の色エネルギーの持ち主です。

他にもレッドの個性は「やる時は徹底してやる」「敵と味方をはっきり分ける」などの特徴があります。

歴史上の人物ではナポレオン・ボナパルト（1769年8月15日生）がいます。1789年から始まったフランス革命後の混乱を収束し、1804年にナポレオン一世として皇帝に即位します。この時ノートルダム大聖堂で行われた戴冠式は教皇の手からではなく、ナポレオン自身が自らの手で月桂樹の冠を戴き、次に妻のジョセフィーヌに冠をかぶせるという段取りで進められました。

2万人の招待客の前で自分が皇帝の地位についたことを誇示するための、大物感あふれるレッドの個性らしい演出と言えます。抜群の集中力と爆発的な行動力で16歳の砲兵士官から皇帝にまで昇りつめ、一時はヨーロッパ大陸の大半を勢力下におきました。51歳の時に南大西洋の英領セントヘレナ島に幽閉されて病没するまでの短い期間ですが、圧倒的に凝縮されたレッドの個性らしい人生だったと思います。

○ヒューマン グリーン——人間愛に目覚める個性（まじめで優しい）

グリーンの色エネルギーを持った人は人間の一生でいえば、人生のすべてを完了し、真の人間愛に目覚めている状態の個性です。人とのふれあいを大切にする優しい人です。

何事も中立的に進めていくことをモットーに情報を集め、客観的に物事を判断します。強く攻撃されると過剰に反撃することもありますが、基本的には人を裏切らないまじめな生き方をします。

誠実で協調性のある人が多いグリーンですが、このスノウカラーを持つ有名人は五木ひろしさん（1948年3月14日生）や高橋克典さん（1964年12月15日生）、さだまさしさん（1952年4月10日生）、小栗旬さん（1982年12月26日生）、ヒロミさん（1965年2月13日生）、ロンドンブーツ1号2号の田村亮さん（1972年1月8日生）、亀梨和也さん（1986年2月23日生）、藤原竜也さん（1982年5月15日生）。

女性では北川景子さん（1986年8月22日生）、深田恭子さん（1982年11月2日生）、松たか子さん（1977年6月10日生）、藤田ニコルさん（1998年2月20日生）、水卜麻美《みうらあさみ》さん（1987年4月10日生）などです。男女ともに、落ち着いて、穏やかな感じの印象を受けます。

芸人では、ハチャメチャで根っから明るい人というよりも、何かに成りきって笑わせるという方法をとる人が多いようです。例えば白ぬりのバカ殿で笑いをとった志村けんさん（1950年2月20日生）ですが、素顔はまじめでシャイな人だったと言われます。竹中直人さん（1956年3月20日生）は恥ずかしがり屋で内気な人ですが、ひとたび役に成りきると「笑いながら怒る人」のようなネタで大爆笑を誘うのです。一人芝居の第一人者のイッセー尾形さん（1952年2月22日生）も同様です。そういえば西川きよしさん（1946年7月2日生）や出川哲朗さん（1964年2月13日生）も芸人らしくないと言えば言いすぎかもしれませんが、きまじめさがうかがえます。

印象的な笑顔が今も心に残る歌手、坂本九さん（1941年12月10日生）と妻の柏木由紀子さん（1947年12月24日生）もグリーンらしい誠実さを感じさせます。

プロ野球の世界では大谷翔平さん（1994年7月5日生）、ダルビッシュ有さん（1986年8月16日生）、松坂大輔さん（1980年9月13日生）がいます。大谷翔平さんはイタズラ好きですがインタビューにはいつも大まじめで答えます。3人ともまじめで優しい人柄のように思えます。古田敦也さん（1965年8月6日生）や阿部慎之助さん（1979年3月20日生）も同じく、グリーンの色エネルギーの持ち主です。

戦後の日本文学を代表する作家の三島由紀夫（1925年1月14日生）もグリーンの個性です。1970年11月25日自衛隊市ヶ谷駐屯地のバルコニーで決起を促す演説をした直後自決をするという過激な行動からグリーンらしくない個性に見えます。

しかし私は吉田松陰（1830年9月20日生）の生き様に似たものを感じるのです。倒幕運動という過激な発想を先鋭化して反体制を煽《あお》った末に29歳の若さで死罪になった松陰ですが、これはまじめな生き様を突きつめた末に世の矛盾に対する過激な反発が生まれ、彼の死はその結果のように思えるのです。グリーンは責められ、追いつめられると強い防衛本能が働き、逆に強烈な反撃に出ることがあります。

三島は東京の裕福な家に生まれ、病弱で過保護な幼少期を送ります。1947年に東大法学部を卒業後、大蔵省で1年間過ごしますが、その後作家に専念し、『仮面の告白』『潮騒』『金閣寺』などの名作を数多く発表しました。

その頃から肥大化していく自己の感受性に比べて貧弱な己の肉体に対するコンプレックスが高まり、この矛盾を解消するために30歳からボディビルによる肉体改造を始めます。いかにもまじめな人生態度です。ここでグリーンの個性らしい文章とエピソードを取りあげてみます。

一つ目は1957年に雑誌『明星』に載った文章です。

「思春期の思い出は実に恥ずかしいものです。ニキビの思い出が恥ずかしいように。しかしそういう恥ずかしさを忘れ去ってしまうことが人間の成長の道ではありません。どんな恥ずかしい思い出もどこかで人生にプラスになっており、やがてそれがほほえましい思い出にも変わり、楽しい思い出にもなるのです。ですから思春期の自己嫌悪は、自分で自分を世界で一番醜悪な人間だと考えがちですが、時が経つにつれて、その頃の自分を一番純で美しかったと思うようになります」

いかにもグリーンらしい優しさや配慮にあふれた言葉だと思います。

もう一つは世間の注目を集めた1969年の東大全共闘との1対1000の討論会です。学生サイドからの招きを受けた三島は2時間30分にわたって1000人の東大生と対峙します。観念的で理屈ばかりの学生からの質問に対しても、三島はそれを受け流すことなく立場を超えた対話を実現しようと努めます。この討論会のアーカイブを見ると、学生たちの生意気で未熟な発言に対してもフラットな視点から真摯《しんし》に対応するのです。ここにもグリーンの個性が現れています。

海外の政治家ではアメリカのジョー・バイデン（1942年11月20日生）がグリーンの個性です。1972年11月に民主党から上院議員に立候補し、建国以来5番目の若さで初当選します。ところが同年12月18日に妻のネイリアと3人の子どもたちが交差点でトレーラーに追突されるという悲劇に見舞われます。この事故で妻と幼い長女を亡くし、生き残った長男と次男も瀕死の重傷を負ってしまいました。クリスマスの買い物をするために車で出かけていた時に遭遇してしまった災難でした。

バイデンは一度は息子たちの看病を理由に議員職を辞そうと考えましたが、周辺から強く反対され、議員に就任することを決意。息子の病室から上院議員としての宣誓を行ったそうです。その後も息子たちの看病や世話のために毎日1時間半かけてウィルミントン郊外の自宅からワシントンへ電車で通勤したのです。まじめで優しいグリーンの個性を物語る行動ですね。

その後大統領に就任し、2022年に初来日。北朝鮮拉致被害者の家族と面会したときは、家族の前でひざまずいて話を聞き、一人ひとりに「あなた方と同じ気持ちです」と伝えていました。横田めぐみさんの弟拓也さんは「母（早紀江さん）のところにバイデン大統領がひざまずかれて、愛情というか私たちへの同情というか、優しいお心を持った言葉をかけていただきました。正直涙が止まらなかった。感謝の気持ちでいっぱいです」と述べています。

同じく政治家でグリーンの個性にロシア大統領ウラジーミル・プーチン（1952年10月7日生）がいます。レニングラード大学で法学部に進み、卒業後はKGB（旧ソ連の政治警察）に就職します。旧ソ連の崩壊後サンクトペテルブルク市の職員として働き、当時の同僚は「プーチンは礼儀正しく遠慮深く、落ち着いた人物で、権力欲が無く地位よりも仕事を重視し、仕事一筋に生きる人」だと評価しています。

少年時代から柔道を始め、「柔道は単なるスポーツではなく哲学だ」と語っています。このようにまじめで優しいグリーンらしいエピソードが出てくるのですが、ウクライナ侵攻という決断の裏には何があったのでしょう。優しくて平和主義のプーチン大統領が「力による現状変更」という許されない暴挙に出た理由を、あえてプーチン大統領の側から見ていきます。

結論から言うと、これはプーチンの被害者意識とスラブ民族主義という原理主義から生じた妄想による過剰反応なのです。2000年に大統領に就任したプーチンは、ベルリンの壁崩壊以降欧米などが「NATO（北大西洋条約機構）は1インチたりとも東方に拡大しない」と約束したと言っています。

NATOは、旧ソ連と同盟国がつくったワルシャワ条約機構に対抗する軍事同盟です。

加盟国は発足時の12か国から2024年現在で32か国に拡大しており、アメリカと西側諸国がロシアをことさら敵視し滅ぼそうとしていると疑っています。ソ連はゴルバチョフ大統領の時に共産主義をやめ、ほどなくロシアと国名を変更し民主化に向かいますが、エリツィン時代も含め1990年代の初めに、民営化の名のもとに天然ガス、石油などの国有資産が、西側の資本家と関係の深いオリガルヒ（ロシアの新興財閥）の手によって収奪されていきました。

この時代にロシアのGDPは45%も減少し、ロシア人の平均寿命は10年も縮みました。そこで登場したプーチン大統領はロシア経済を立て直し、国内での人気は絶大になります。ロシア人とウクライナ人は同じスラブ民族として兄弟も同然だ、と考えているプーチン大統領に疑念を与えた出来事の一つは、マイダン革命です。

ウクライナの民主選挙で選ばれた、親露派のヤヌコビッチ大統領が、２０１４年にクーデターで失脚してしまいます。この革命にアメリカＣＩＡが関与したとプーチン大統領は疑っているのです。また、２０１５年に結ばれた、ウクライナ東部の自治権を認めるミンスク合意も守られずますます不信感を強めていきます。


政治的なことはここではおくとして、優しいグリーンの個性が原理原則を重んじるあまり、過激な言動をしてしまうことはたまにあります。「尊王攘夷《じょうい》」や「王政復古」など原理を煽った吉田松陰もその例ですが、身近なところでは、政治家の小沢一郎さん（１９４２年５月24日生）や田中真紀子さん（１９４４年１月14日生）などがグリーンの個性で、彼らの過激な言動も田中角栄原理主義にこだわった結果と言えるかもしれません。

小渕恵三さん（１９３７年６月25日生）、野田佳彦さん（１９５７年５月20日生）もグリーンです。派手なパフォーマンスをとることなく、まじめで、実直な方が多いように思います。

STEP 4

シンクロニシティとゼロ・ポイント・フィールド仮説

シンクロニシティとは

「シンクロニシティ」という言葉を聞いたことがありますか。日本語では「共時性」「同時性」と訳します。「以心伝心」とか「虫の知らせ」といえば、イメージしやすいかと思います。スイスの心理学者であり精神科医でもあったカール・グスタフ・ユング（1875〜1961年）が提唱した概念で「意味のある偶然の一致」とも言われます。

ユングは精神分析学の創始者として有名なジークムント・フロイト（1856〜1939年）の影響を強く受けました。フロイトはユングを自らの後継者だと考えていたのですが、数年のうちに「無意識」に対する解釈の違いから、2人は決別することになります。

フロイトにとっての無意識は個人の領域にとどまりましたが、ユングは「個人的無意識」とは別に「集合的無意識（普遍的無意識）」があると考えたのです。人間の無意識の奥底には人類共通の素地＝集合的無意識があり、「人類の歴史が眠る宝庫」のようなものであると言うのです。

私たちの意識の表面の顕在意識は海面から出ている氷山に例えられます。この海面から出ている部分よりはるかに大きく水中に没している部分が潜在意識です。そして海面からは別々の塊に見えている氷山ですが、海の底にいくと実は1つにつながっています。

これが集合的無意識で、個人的体験ではないもの＝自分の意識では自由にならないものであり、人類がみな無意識の深い部分で共有しているものです。例えば神話。様々な民族や部族の語る物語には共通した要素が登場します。そういう神話をつくるような意識の層、ともいうことができます。そこから「シンクロニシティ」という概念が生まれました。シンクロニシティには2つのパターンがあります。1つは予知夢などのように予感（心の状態）が現実化することです。もう1つは、離れた場所で、同時に同様な現象が発生することです。

シンクロニシティの事例としてユングの有名な体験談をご紹介します。

ユングがある女性患者を診察していました。患者は「老人から黄金のスカラベ（コガネムシ）をもらう夢を見た」と話していました。その時ユングの後ろの窓から「コツコツ」

という音がしたので見に行くと、窓にスカラベが頭をぶつけていたのです。窓を開けるとスカラベは部屋の中に入ったのでユングはそれをつかまえて女性患者に渡しました。まさに女性が見た夢と同じシーンが現実となったのです。この不思議な体験が患者の意識の扉を開くきっかけとなり、彼女の精神的な病は改善に向かっていったといいます。ユング心理学ではこのような現象（シンクロニシティ）が起こる原因を、集合的無意識の存在に求めています。スカラベの例は、ユングと女性患者とスカラベのそれぞれの意識が深い部分でつながっていて、その結果不思議な出来事が起きたという解釈です。

ゼロ・ポイント・フィールド仮説

ユングの言う集合的無意識のさらに奥にある超意識とも呼ぶべき絶対的な意識が存在している、というのが「ゼロ・ポイント・フィールド仮説」と呼ばれる理論です。

宇宙のはじまりは今から約１３８億年前のことです。この宇宙が始まる前の、何もない状態のことを「量子真空」と言います。簡単に言うと、密閉された容器の中から空気を含むすべての物質を外に吸い出し、容器を完全な「真空」の状態にしたものが量子真空です。量子真空の状態の宇宙が、あるとき「ゆらぎ」を起こし、その瞬間に微小の宇宙を生み出して、そこから急激に膨張を始めてビックバンが起き、現在の宇宙が誕生しました。

宇宙には数千億個の恒星（太陽のような星）を含む銀河があり、さらにその銀河も数千億個存在します。この膨大な宇宙がすべて量子真空から生まれたのです。つまりこの量子真空には壮大な宇宙を生み出す莫大なエネルギーが潜んでいるということです。

ノーベル物理学賞を受賞したリチャード・ファインマン教授（1918〜1988年）の計算によれば1立方メートルの空間に潜む量子真空のエネルギーは、世界のすべての海の水を沸騰させることができるほどの量だと言います。この量子真空の中に「ゼロ・ポイント・フィールド」という場があり、この場に宇宙のすべての出来事が「波動情報」として記憶されているらしいのです。

物質を構成する最小単位は素粒子です。私たちの体も目の前にある机やペンも、私たちが物質と呼んでいるものは全て素粒子で構成されています。電子やフォトン、クォークなど呼ばれているもので、現在認識されている素粒子は17種類あります。この素粒子の正体はエネルギーの「振動」であり「波動」と呼ばれるものです。

物質だけではなく「意識」もエネルギー、つまり波動ですから、宇宙で起きたすべての出来事が波動情報として記憶されているとすれば、私たちの意識も例外ではありません。そして、「意識の場」である脳や身体も、このゼロ・ポイント・フィールドと量子レベルでつながることができるということなのです。

「誕生日」についての情報も、このゼロ・ポイント・フィールドに存在していると考えてよいのではないでしょうか。私たちは、物質の世界に生きているように思っています。しかし、目に見えるものも見えないものも、すべての本質は、エネルギーであり波動です。現象界は、波動が共鳴したり共振したりしながら、あらわれたものです。天意、天命というのもまた波動であり、誕生日もその結果の一つです。

44ページの「個性の60分類表」をご覧になってください。じーっと見ているとなかなか面白い景色が見えてくると思います。上からの4段と下からの4段がすべて相似形になっています。また、真ん中の2段は、左右が対象形になっています。これらはシンクロニシティの1つの表れですが、私自身この表をつくって、初めて気づいたことです。色彩人間学の曼荼羅《まんだら》図といってみたいものです。

シンクロニシティの事例

2022年9月8日にエリザベス女王の訃報が流れた直後、バッキンガム宮殿とウィンザー城を結ぶように虹が出現しました。この現象が世界に報じられると大きな話題となりました。思い出すのは、2019年10月22日午後1時から行われた今上天皇の即位礼正殿の儀の日のことです。世界の180を超す国や機関の元首、代表らが参列し皇居宮殿「松の間」で行われました。

台風20号の影響で大雨でしたが、正殿の儀が始まる直前に雨が上がると、雲の合間から青空がのぞきました。そして正殿の儀が始まると皇居上空に大きな虹がかかったのです。

祝福や崩御などの特別な出来事に際して、象徴的な気候現象としてこのような奇跡が起こります。国王や天皇に対する人々の感謝の思いが、虹という気候現象として可視化されたのだと思います。

日本胎内記憶教育協会という一般社団法人があります。産婦人科医の池川明さんが代表理事をされています。

「胎内記憶」とは母親のお腹の中にいた時の記憶のことですが、3歳くらいまでは3割くらいの子どもが「あったかかった」「ぐるぐる廻って泳いでいた」「キックした」「ママの声が聞こえた」などと話すようです。

さらに「生まれる前はどこにいたの?」などと聞いていくと、「ふわふわした雲の上にいたよ」「生まれることは自分で決めたよ」「下をながめていて、どのママにするか決めてお腹に入ったよ」「ママに知ってもらいたくてママを選んできたんだよ」「赤ちゃんは人の役に立つために生まれてくるんだよ」などと答える子どもたちもいるようです。

赤ちゃんが6歳くらいになる前までは、よく生まれる前の話をするようです。興味深いのは、生まれる前の記憶を持つ子たちに「何のために生まれてくるの?」と聞くと、ほぼ全員が「人の役に立つため」と答えるのだそうです。

2016年8月『ザ！世界仰天ニュース』というテレビ番組で、前世の記憶を持つという少年が取り上げられました。自分は生まれる前はハリウッドに住む別の人間だったと母親に語る少年の話です。オクラホマ州マスコギーという町に住む少年ライアンが4歳の頃から「ハリウッドに戻りたい」と母親に言い始めたのがきっかけです。「なぜそんなことを言うの」と聞くと、「僕は昔ハリウッドで俳優をしていたんだ」と信じられない告白をしたのです。その後ある時、古い映画の写真を指しながら「これが昔の僕だよ」と言い始めたのです。ライアンが指をさしたのは大勢のエキストラのうちの1人の男性俳優（マーティン）でした。

気になった母親は、医学博士で前世の記憶を持つ人を10年以上研究しているジム・タッカー医師を訪ねることにしたのです。

ジム・タッカー医師の元でライアンの記憶とマーティンの情報が一致するか、テストを行ったところ、妻だった女性の名前を言い当てたり、出演した映画のシーンを話し出したり、ことごとく一致する話をし始めたのです。このテストの結果、ライアンの前世がマーティンだったのではないかと信じざるを得ないという内容の番組でした。

もう1つ、2022年3月29日放送の『不思議体験ファイル 信じてください!!』というテレビ番組の話です。千葉在住の7歳の少年が、2年ほど前に「僕の本当のおうちは山梨にあったんだよ」と言い始めたのです。「10階建てのマンションにじいじとばあばと住んでいたんだよ」とか「よくじいじに魚釣りに連れて行ってもらった」や「保育園ではゾウ組だった」など詳しい情報を交えて話すようになったそうです。興味を持った両親は半信半疑ながら、山梨のマンションを少年の案内で探しに出かけます。近づくにつれて、「そこのつきあたりを左へ」とか「この右の道を上がっていって」など、迷わずに指示を出して、10階建てのマンションにたどり着いたのです。そして、10階の部屋の前まで行って「なつかしい」と喜んでいました。

近所の保育園でテレビクルーが聞き込んでみると、今は無くなったけれど以前にはゾウ組があったことが分かりました。また、じいじと釣りに行った時のことを絵に描いてみてと言われて、描いたのが赤い魚です。昔は近くでニジマスがたくさん釣れたという近所の人の話が紹介されていました。

少年の記憶はその後だいぶおぼろげになってきているので、やがては消え去ってしまう

『致知』定期購読お申し込み

<table>
<tr><td colspan="2">お求めになった書籍</td><td colspan="3"></td></tr>
<tr><td>フリガナ</td><td colspan="2"></td><td colspan="2">性別　男 ・ 女</td></tr>
<tr><td>お名前</td><td colspan="2"></td><td colspan="2">生年月日(西暦)
年　月　日</td></tr>
<tr><td>会社名</td><td colspan="2"></td><td colspan="2">役職・部署</td></tr>
<tr><td>ご住所
(送付先)</td><td colspan="4">〒　ー　自宅 会社 (どちらかに○をしてください)</td></tr>
<tr><td>TEL</td><td colspan="4">自宅　会社</td></tr>
<tr><td>携帯</td><td colspan="4"></td></tr>
<tr><td>メール</td><td colspan="4"></td></tr>
<tr><td>職種</td><td colspan="2">1.会社役員　2.会社員　3.公務員　4.教職員
5.学生　6.自由業　7.農林漁業　8.自営業
9.主婦　10.その他(　)</td><td colspan="2">弊社記入欄
B</td></tr>
<tr><td colspan="2">最新号より
毎月　冊</td><td>ご購読期間</td><td colspan="2">(　) 1年 11,500円(12冊)
(　) 3年 31,000円(36冊)
(税・送料込)</td></tr>
</table>

※お申込み受付後約1週間で1冊目をお届けし、翌月からのお届けは毎月7日前後となります。

FAX.03-3796-2108

かもしれません。しかし、このように前世が存在した証拠のようなものが見つけられてきていることは重要な事実です。

次に、2024年3月27日に放送された『奇跡体験！アンビリーバボー』という番組を紹介させてください。取り上げられたのは、超次元能力者という触れ込みで2度目の来日をされたジャッキー・デニソンさんという人です。イギリスで警察の未解決事件の捜査に協力するなど、その人並み外れた能力は広く知られているようです。彼女は人が触れる物に残る残留思念（人間が強く何かを思ったとき、その場所や物に残留する思考や感情など）から様々な情報を読み取ることができます。

番組は、新選組の局長近藤勇《いさみ》と副長土方歳三《ひじかたとしぞう》の2人についての歴史的な考察を、ジャッキーさんの能力を借りてやってみようという試みでした。新選組の研究者である歴史家の伊東成郎さんという方が立ち会って番組は進行していきます。

番組の中で土方が愛用していた刀が登場します。この刀を手に取ってジャッキーさんが読み取ったことは、①子どもに対する強い感情を感じる ②土方の遺髪があるはず、というものでした。それを聞いて、土方の姉の夫であった佐藤彦五郎さんの子孫にあたる佐藤福子さんが涙ぐんで絶句していました。というのは、刀は土方が可愛がっていた佐藤彦五郎の息子に形見として渡したものだそうです。また土方が亡くなる一か月前に、部下の少年に、自分の写真と一束の髪と三百両の金を持たせて、佐藤彦五郎に届けさせたそうで、これらは新選組の専門家である伊藤成郎さんも全く知らなかった情報のようです。

佐藤福子さんは騒動になるのを嫌って、この遺髪の存在を誰にも知らせずにいたそうです。この番組で初めて土方歳三の遺髪が公開され、その黒々とした生々しさの残る髪の束に私も衝撃を受けました。人間の意識の力とその存在の永続性のようなものを再確認させられた番組でした。

人智では知ることができないことを「不可知」と言います。「不可思議」という言葉もあります。思うこと議論することは不可《べからず》という言葉で、常識では考えられないことをあらわすものです。

シンクロニシティや残留思念なども、この「不可思議」で「不可知」なものですが、最後に石原慎太郎さんの死後に出版された『「私」という男の生涯』（幻冬舎文庫）の中から不可知な体験を抜粋して概略をご紹介しておきます。

これは慎太郎さんの弟・石原裕次郎さんにまつわる話です。


北海道小樽で暮らしていた頃の空恐ろしい体験談です。

春めいたある日のこと、近くの子どもたちが小川のほとりに集まって遊んでいて、誰かが生まれたての可愛い子犬を連れてきます。すると、弟である裕次郎がその子犬を箱に入れて川に浮かべてみようと言い出すのです。

「皆がはしゃいでそんな悪戯に賛成し、子犬を入れた箱を川に浮かべた途端、雪解けの水を湛《たた》えた川は思いがけぬ勢いで箱を流し出した」


いたずらのつもりだったのに、川の流れは思ったよりも勢いがあり、子どもたちは川に沿った空き地を懸命に走って箱を拾い上げようとしますが、追いつけずにそのまま見失ってしまいます。

「弟の思いつきでの残酷な悪戯は家の周りでも評判になり、母は子犬の持ち主の家に出かけて平身低頭してお詫びをしたものだった」

それから奇妙な出来事が裕次郎の身に起きました。ある日突然、訳もなく頭を振る奇病に取り憑《つ》かれ、大学病院に入院しても一向に治りません。

案じた母親が、あちこち相談をした結果、市内に霊感を備えた年配の女性がいて、その人が不思議に解決の術を考えてくれると聞かされ、父がその人を訪ねて相談したら、即座に弟がいたずらで子犬を殺してしまったことを言い当てたそうです。

そして、ひと月の間、朝早く家の近くの何か所かに浄めた塩と供物を置いて供養するように言われ、その通りに実行した結果、裕次郎は見事に快癒したとあります。

その出来事を回想して、「あれは私の人生に不可知な大きなものを教示した出来事だったと思う。以来、私は人間にとって不可知なものが人の人生を容易に支配するということを自覚するようになった」と残しています。

私の体験談

「意味のある偶然の一致」について私の体験を話させてください。

私は幼少の頃から「子どもらしくない子」と言われていました。無邪気な明るさがない、母親に甘えることが少ないという子どもで、母親から「もっと愛嬌のある子になって欲しい」と言われたこともあります。小学校6年生の時「将来について」という作文に「立派な社会人になりたい」と書くほど、きまじめでした。

「あっけらかん」とか「ひょうきん」という言葉とは無縁の子ども時代でしたが、これは早熟というよりも、グリーンの個性の特徴であるまじめさがあらわれたものです。「誕生日と個性」の関係に気付いた今の私には納得できますが、当時の私は大人びた振る舞いをしてしまう自分自身に違和感を抱いていました。

当時、大阪市阿倍野区に両親と妹と4人で暮らしていましたが、家の近くには毎年初詣でお参りをしていた「王子神社」というところがありました。「推命学」の研究をすることになって「安倍晴明《あべのせいめい》」のことを調べていると、晴明が生まれたのがこの王子神社のある場所だと分かりました。王子神社のすぐ隣が大阪晴明神社で、私が通学していた中学校の近くにも晴明ヶ丘という場所がありました。

青年期に入ると、私はユリ・ゲラーのスプーン曲げなど、不思議なことに興味を持つようになりました。大学では美術を専攻し、F先生の指導の元で彫刻の制作に励んでいました。2年生になって2メートルほどの女性像の制作をしていた時のことです。

彫塑という技法で粘土を使います。まず木の棒（心棒）を組み合わせてひもで結び、大まかな形をつくりそれに粘土をつけていきます。

「蘇生」と題したその作品は私の初めての大作でしたが、初心者の私は苦戦していました。この制作中に不思議なことが起こったのです。

作品が少しずつ回転し始めたのです。数日の間に15度くらい廻ったでしょうか。私の心棒の組み方が緩かったせいでしょう。それが作品の曲線美をつくり、県美展に出品すると褒状という賞までいただくことになりました。偶然にしてはでき過ぎた話です。

また大学卒業後、ある会社に勤めていたときの話です。同僚に「学生時代写真部にいた」というようなことを私がしゃべったようなのです。その話が社長の耳に入り、ある日その会社の機関誌の表紙の写真を撮るよう依頼されました。写真部といっても同好会のようなもので、とても表紙の写真を撮るような技術はありません。それでも「できません」とは言えないまま、研修旅行を兼ねてフィリピン、マニラに行くことになりました。

マニラ空港に到着後バスに乗り込むと、私の隣の席に座った男性がいました。それとなく撮影の話をしてみると、「私はプロの写真家です。撮ってあげましょう」とおっしゃったのです。

これもでき過ぎた話ですが、「運が良い」と言いたいのではありません。「偶然の一致」という現象が起きるのは、意識のつながりによるものだということをお伝えしたいのです。

このような現象は、私が「見えない世界」のことに関心があり、超能力的なことをまともに信じている人間であったことに起因していると思います。

その後広島で会社を創業し、経営の道に進むことになるのですが、数年して、ロン・バードという超能力者と出会いました。テレビの超能力番組に出ていた人物です。アントニオ猪木さんの紹介です。

初めてロン・バード氏と会った日の翌日新幹線に乗り込みますと、猪木さんを紹介してくれたNさんと車内でバッタリ会うのです。それも私の席の真後ろです。

10日後くらいに再び東京へ向かう新幹線に乗り込んだ私は、新大阪を過ぎた時に後ろからまるめた紙を投げてくる人が居るのに気がつきました。振り返るとそこにニコニコといたずらっぽい笑顔を浮かべるNさんが居たのです。私もNさんもあまりの偶然に驚愕《きょうがく》したのですが、じっと考えてみて、これはロン・バード氏の仕業ではないかと思ったのです。

この出来事をきっかけにして、ロンとの長い付き合いが始まります。彼の母親はニューヨークでも有名な超能力者で、FBIの捜査にも協力していました。ヨラーナという方で日本に招聘《しょうへい》して全国でサイキックイベントも開催しました。今はもうロンもヨラーナも故人となってしまいましたが懐かしい思い出です。

当時保育園の経営もしていたのですが、ある日園長から「園歌をつくり、その発表会をします」と連絡がありました。発表会に参加した私は当日園歌の作詞作曲をしてくださった方にご挨拶をしました。この方はMさんといいます。

「ありがとうございました。ところでお仕事は何をされていますか」との私の質問に対して、「美術の教員をしています」とおっしゃるのです。「大学はどちらですか」と伺うと「K大学です」と答えられます。なんと、私の後輩でした。お世話になった先生も同じで、さっそく2人で先生に会いに行くことになりました。

20年振りの懐かしいF先生との再会後、私は学生時代の友人に会う約束をしていました。彼は居酒屋を経営していたのですが、ふと見ると私の横でMさんが誰かに電話をしています。「では居酒屋『○○』で」（私の友人が経営する居酒屋です）という声が聞こえたので確認すると、「学生時代に私たち美術の学生が大変お世話になった店です」ということでした。

偶然はここで終わりません。20年振りのF先生との再会後、先生が広島に来られることになりました。当時私は瀬戸内海のある島でリゾートホテルの経営もしていました。島で食事をしていると、先生が「修学旅行で瀬戸内を見た時、この海が見える所で将来は暮らしたいと思っていたんだ」と話します。私は「ぜひともこの島にお引越しください」と言い、リゾートホテルの一角の美術村の村長に就任していただく話がトントン拍子に進みました。不思議な偶然の重なりがもたらした楽しい物語です。

奇跡的な偶然の一致の話もあります。

イスラエルの死海の水を使った入浴剤の開発をしていた頃です。打ち合わせで初めてエルサレムを訪れました。私はキリスト教徒ではありませんが、「洗礼を体験したいので近くのオアシスに連れていって欲しい」とガイドさんに頼みました。

その日の夜のことです。アラブ自治区が経営するカジノがあるのですが、そこでルーレットをしました。このゲームは1から36までの数字と0、00の38個の数字が入った円盤を廻し、その中に小さな白い球を投げ入れて、どの数字に球が入るかを当てるゲームです。私が自分の誕生日の17にチップを置いてたまたま当たった時のことです。

私はなんとなく、そのチップを17に置いたまま、さらにチップを17に追加し次のゲームを待ちました。すると再び17に入ったのです。さらに次のゲームでも重ねて17にチップを追加して待つと、またしても17に入ったのです。3連続で同一の数字に入る確率は548 72分の1です。とんでもない奇跡です。自己流ながら、洗礼のご褒美のような気がした瞬間です。

ピーチスノウは色をモチーフにしたコンテンツですが、ご存じのように色は光をプリズムで分光したときに生まれます。ピーチスノウの総本山ともいえる広島本社は光が丘という場所にあるのですが隣に広島東照宮という神社があります。日光東照宮と同じく徳川家康を祀る神社です。ここも光とご縁があるので意識してみると広島東照宮の裏手の山の上に金光稲荷という神社があります。またここから300メートルほど先にも月光山明星院というお寺があり、さらに高輪《たかなわ》にある東京本社の真向かいにも光福寺というお寺があるのです。意図して選んだ訳ではないのですが、ピーチスノウの本部はこのように光にまつわる神社やお寺に囲まれていたのです。

また、ある時ピーチスノウのパーティーの参加者名簿をなにげなく見ていた時、参加者の中に光本《みつもと》さん、光武《みつたけ》さん、光野《みつの》さん、花光《はなみつ》さんと名字に光がつく方が4人おられました。そこで全国に光のつく名字の方が何名いらっしゃるのかを調べてみたのですが、光本さんはおよそ3600名、光武さんは3200名、光野さんは2800名、花光さんは740

名。光のつく名字は珍しいのだと分かりました。光のシンクロニシティです。

最後にピーチスノウに深く関わってくださっている、私の親友である松前兼一さんとの再会に触れておきます。30代の頃からの長いお付き合いになりますが、その間数年のブランクがありました。私が東京から広島に転居し数年が経った頃、私の長女も広島に来ることになりました。娘の引っ越しの手伝いのため久々に上京し、三田駅近くのマンションで荷造りを終えた後、夕食にしようと慶応仲通り商店街を歩いていた時のことです。後ろから突然私の名前を呼ぶ人がいて、振り返ると松前さんでした。松前さんは、そもそも推命学やカラーセラピーに造詣が深い方で、この再会のおかげでピーチスノウの発展に大きな力を借りることができたのです。

不思議な「意味のある偶然」の再会がもたらしてくれた大きなプレゼントでした。

このように、私たちの人生は天のはからいとも思える意味のある偶然の出来事に操られながら進行していく「人生ドラマ」なのだと思うのです。そして誕生日こそは、自分にとって、かけがえのない意味のある偶然なのです。ピーチスノウという、その意味を読み解くコンテンツが確立できたのですから、人生ドラマに応用して、主人公としてイキイキと演じていただきたいと思います。

STEP

5

個性の
4グループ・
3タイプ

STEP1で、「心の法則」による心の働きが人間の最大の特徴だと述べました。ピーチスノウでは、この「心の法則」を「愛と意志」「保守と革新」という2つの側面から捉え、「革新的か保守的か」、また「愛と意志」のどちらが強いかによって個性を4つのグループに分けて分析しています。

愛と意志

まず、「愛と意志」についてです。

「愛」と「意志」というそれぞれの力がともに私たちを成長させ、人類を進歩させたのです。

人類を進歩させた1つの鍵が「愛の力」です。

恋人を愛する、夫や妻を愛する、家族や仲間を愛する、国を愛する、故郷を愛する、人類を愛するなどと表現されるように、愛には様々な対象がありますが、「愛」という大き

個性の4グループ・3タイプ

「愛と意志」「革新と保守」
の4つを、誕生日をキーにして、天が人類にバランス良く
与えたのではないかと推論して表しているのが、
ピーチスノウの個性の4グループです。

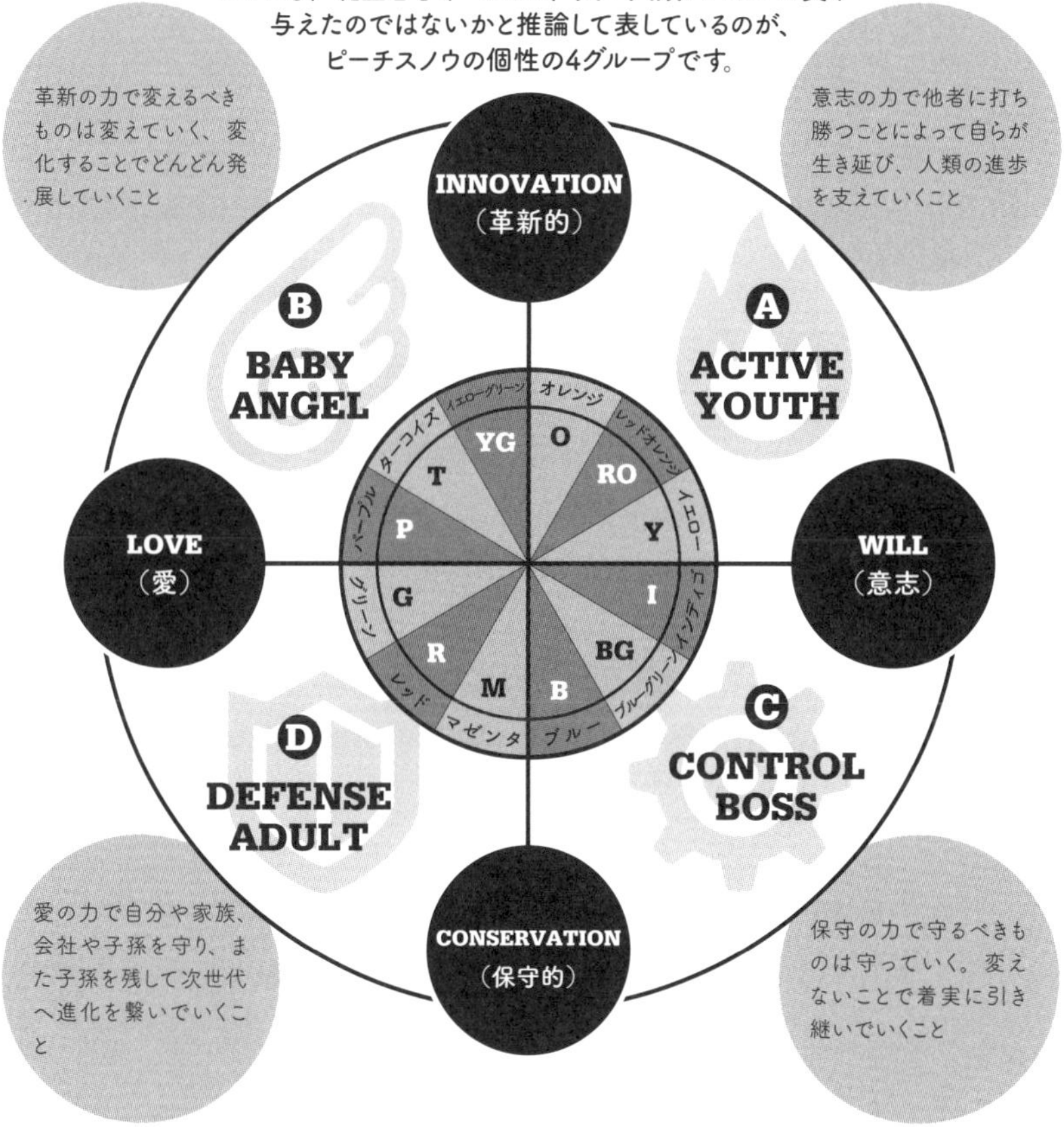

ピーチスノウでは、人の個性を「革新的か保守的か」、また「愛と意志」
のどちらが強いか、4つのグループに分けて分析していきます。

な力によって私たちは大切なものを守り、次の世代へといのちを引き継いできたのです。

哲学者であり精神分析家のエーリッヒ・フロム（1900〜1980年）は、愛することを技術だと述べています。言い換えれば能力、それは人類が進化し発展していくための能力、能動的な活動と考えてよいでしょう。

そして愛の本質を「何かのために働く」ことと、「何かを育てる」ことにあると言い、基本的な要素として次の4つを挙げています。配慮（愛するものへの関心、思いやり）、責任（自発的に相手のニーズに応える）、尊敬（あるがままを知り尊重する）、理解（相手の立場になってその人を知る）です。

ちなみに、フロムはナチスに政権が代わるとスイスに移り、その後アメリカに移住します。精神分析家であると同時に、ファシズムを非難し人間性の回復を説いた社会思想家として知られています。こうした愛の力によって、人類は発展してきました。とくに心や魂、精神という分野において大きな成長を遂げたのです。

一方、私たちは「愛の力」だけで生きてこられたわけではありません。もう1つの「意志の力」が働いて、生命史の中で生き残ってきたのです。意志とは何か？　目的や計画を選択しそれを実現させる決断力です。衝動や本能とは異なる、より高次な能力です。

意志の力とは、意図した方向、志や理想、思い描いた未来に向けて踏み出す力です。社会を構築するようになった人類は、他の人たちと協力、協働して同じ目標に向かうことが必要になりました。それが最も安全であり、人類の繁栄と発展になるからです。目標と計画をつくり、それに沿って行動し、衝動を抑えて互いを尊重する、それが意志力です。人間を社会的な存在にする能力です。意志の力によって、単なる群れではなく、良く生きよう、助け合おうとする共同体が成立するのです。そうして、文明も発達していったのです。

このように「愛の力」と「意志の力」が協力したり対立したりしながら、現在の私たちにたどりつきました。現代も2つの力が働いて、個人や社会を成長させ、発展させていきます。

ピーチスノウでは、より「愛の力」に恵まれた人たちがスノウカラーサークルの左半分

(M・R・G・P・T・YG)のグループに属していると考えます。

そして、より「意志の力」に恵まれた人たちが右半分(O・RO・Y・I・BG・B)のグループに属しています。「愛の力」と「意志の力」が実にバランスよく配置されている、これがピーチスノウの考え方です。

保守と革新

守るものと変えていくもの、変わらないものと変わっていくものについて考えてみます。

「不易流行」という言葉があります。芭蕉俳句の理念として知られていますが、不易は、いつまでも変わらないものであり、流行は時代に応じて変化するものです。不易流行とはいつまでも変化しない(=本質的なものを忘れない)中にも、新しいものを取り入れていく精神のことを言います。私たちはこの組み合わせの中で進化してきました。

変わらないもの、本質的なものが「伝統」として残っていると言えます。日本人にとって真っ先に思い浮かぶのは、世界で最も永く続く天皇制、そして「和」の精神に基づいた礼儀、礼節ではないでしょうか。武道、剣道、柔道、合気道、茶道、華道など、日本における「道」では礼儀を重視しています。ことあるごとに世界中で驚きとともに賞賛される日本の伝統的な精神性です。

大谷翔平さんはずば抜けた才能の持ち主ですが、常に礼儀正しいことに世界中のファンが感激します。日本人は親切、日本人は優しい、これも日本を訪れた外国人からよく聞く言葉です。

祭りや初詣、節句、彼岸や月見などの年中行事も、七五三や成人式、還暦という人生儀礼も伝統文化として残っています。他の言語にはない、敬語もやはり変わらない文化です。生活スタイルでいえば、和食をはじめ、畳やこたつ、着物、玄関では靴を脱ぐ、入浴の習慣……などいろいろありますが、日本の気候風土に合い、日本人が長く培ってきた世界観や美意識、生活感情に根ざしているものが今も残っています。

一方では、ファッションやIT技術に代表されるような、次々に変化するものにも囲まれて生活しています。ソーシャルメディアによって、生活もオンライン化しました。伝統と革新との融合が私たちの暮らしを豊かにしています。

日本人は他の文化を取り入れて独自の文化にするのが得意と言われます。バレンタインもクリスマスも楽しい行事として定着しました。「洋食」もその一例でしょう。西洋風でありながら日本人の味覚や食習慣に合わせて発展した日本独自の創作料理で、カレーライスもとんかつも「和食」とは異なりながらも日本を代表する食べ物です。

技術で言えば、ソニーのウォークマンは革命的な音楽プレーヤーとして世界中に迎えられました。「音楽を持ち運ぶ」という新しいスタイルを生み出したのです。ノートパソコンも日本から生まれたもので、仕事の仕方を変えました。トヨタを中心に開発されたハイブリッドカーは新しい時代のニーズに合った革新的な技術といえるでしょう。変化することで進歩する。進歩とは変化の代名詞です。

スノウカラーサークルでは、新しいものが好きで変化することが得意（革新の才能）なのが上半分（P・T・YG・O・RO・Y）の人たち、守るべきものを守り、着実に生きるのが得意（保守の才能）な下半分（I・BG・B・M・R・G）の人たちに分かれ、それぞれがバランス良く配置されています。

2つの才能が協力し合い、時にはぶつかって発展していくのです。

個性の4グループ

12色のスノウカラーは次の4つのグループに分かれます。

(A)アクティブユース

(A)グループは「アクティブユース(活動する若者)」と呼び、12カラーの中のオレンジ(橙)、レッドオレンジ(赤橙)、イエロー(黄)のスノウカラーを持つ人たちで、意志が強く革新的なグループです。

行動力があるので、組織においても発信する側の役割を担い、現場の第一線で活躍します。

○オレンジ

明るく楽天的な若者のイメージの人で、4グループでは「フレンドリーアクティブ（親しみのある活動家）」と呼びます。あっけらかんとした突破力があり、実現の可能性を信じて行動します。目立つことが好きで、フットワークが軽いことがこの人の特徴です。

○レッドオレンジ

プラス思考で機敏な若者のようなイメージの人で、4グループでは「スピーディーアクティブ（すばやい活動家）」と呼びます。楽観主義から生まれる積極的な行動はこの人の魅力です。失敗を恐れずチャレンジする姿勢で組織を引っぱっていきます。

○イエロー

先進的でスマートな若者のようなイメージの人で、4グループでは「スマートアクティブ（洗練された活動家）」と呼びます。オープンハートな姿勢から生まれるナチュラルな積極性が好感をもたらします。希望にあふれたさわやかな生き方がこの人の魅力です。

（A）グループに与えられたミッションは「楽しめ」「人を喜ばせよ」で、若々しい行動に組織からの期待が集まります。

（B）ベビーエンジェル

（B）グループは「ベビーエンジェル（幼い天使）」と呼び、12カラーの中のパープル（紫）、ターコイズ（緑青）、イエローグリーン（黄緑）のスノウカラーを持つ人たちで、愛情深く革新的なグループです。

自由で発想力の豊かな人たちで、組織においては対象を分析し、判定する役割に優れています。

○パープル

奔放で気まぐれな天使のようなイメージの人で、4グループでは「ファンタジーエンジェル（夢想する天使）」と呼びます。直感力に優れ、のびのびと生きていく人でとらえどころのない部分もありますが、得意分野では爆発的な能力を発揮します。

○ターコイズ

独自の世界観を持つ天使のようなイメージの人で、4グループでは「オリジナルエンジェル（独創的な天使）」と呼びます。人と違うことが好きで、マイペースな生き方をしつつ、自分の世界を創ることを生きがいにしています。

○イエローグリーン

自然体で無邪気な天使のようなイメージの人で、4グループでは「ラブリーエンジェル（愛される天使）」と呼びます。素直でみんなから愛されるほほえましい存在です。優しさや思いやりで人の心を温かくする個性の人です。

（B）グループに与えられたミッションは「独自のものに打ち込め」「自分らしく振る舞え」というもので、自身を大切にしながら組織に貢献しなさいというメッセージなのです。

（C）コントロールボス

（C）グループは「コントロールボス（支配するボス）」と呼び、12カラーの中のインディゴ（青紫）、ブルーグリーン（青緑）、ブルー（青）のスノウカラーを持つ人たちで意志が強く保守的なグループです。

このグループはリーダーシップに優れ、組織においては周りをコントロールし指導する役割に向いています。

○インディゴ

強い信念を持ち、完全を目指すボスのようなイメージの人で、4グループでは「パーフェクトボス（完全なボス）」と呼びます。毅然とした態度をとり、強い人と見られることもありますが、一方では用心深く自分の役割を貫くことができます。この人は中途半端なことはせず、徹底して物事にあたっていきます。

○ブルーグリーン

悠然とした芯の強いボスのようなイメージの人で、4グループでは「バランスボス（均衡のとれたボス）」と呼びます。着実に物事を進めていくので多くの人に安心感を与えます。この人は自己コントロールに優れ、安定感のある生き方をします。

○ブルー

粘り強く謙虚で、不思議な存在感を持つボスのようなイメージの人で、4グループでは「コミュニケーションボス（対話するボス）」と呼びます。特に1対1の対話能力に優れ、知らず知らずのうちに相手を自分のペースに引き込みます。この人は成熟した伝達能力を持ち、柔軟な生き方をします。

（C）グループに与えられたミッションは、「全体を見渡せ」「きっちりコントロールせよ」で、組織では人を動かし指導する役割に向いています。

(D)ディフェンスアダルト

(D)グループは「ディフェンスアダルト(受容する大人)」と呼び、12カラーの中のマゼンタ(赤紫)、レッド(赤)、グリーン(緑)のスノウカラーを持つ人たちで、愛情深く保守的なグループです。

このグループは物事をあるがままに受け止め包容し、組織では人々を後方から支援する役割を得意とします。

○マゼンタ

夢を追いかけながらもきっちりと現実をふまえて行動するイメージの人で、4グループでは「ドリームアダルト(夢を追う大人)」と呼びます。長期的な展望を持ち、物事を具現化していく能力に優れています。

○レッド

何事にも全力投球をし、忍耐力を持つ情熱家のイメージの人で、4グループでは「パッションアダルト（情熱の大人）」と呼びます。この人は不安をエネルギーに変えて、爆発的な結果を残すことができる人です。

○グリーン

人とのふれあいを大切にする優しいイメージの人で、4グループでは「ヒューマンアダルト（人間味のある大人）」と呼びます。誠実で協調性のある人で客観的に物事を見て対処します。強く攻撃されると防衛本能を発揮して過剰に反撃してしまうこともまれにありますが、基本的には誠実で相手に安心感を与える生き方をします。

（D）グループに与えられたミッションは「人の役に立て」「全力を尽くせ」というもので組織に発生した問題を受け止め、愛の力で解決に導く役割を与えられています。

個性の3タイプ

12色のスノウカラーが、4つのグループに分類されることをお話ししました。

ここでは、12色のスノウカラーの別の分類法をご紹介します。主に対人関係や組織の中で発揮される個性という側面からの分類法ですが、大きくは次の3タイプに分けることができます。

- **クリスタルタイプ＝コンセンサス（意見の一致）を大切にするタイプ**
- **プラチナタイプ＝リアリティー（現実）を大切にするタイプ**
- **ゴールドタイプ＝フィーリング（感覚）を大切にするタイプ**

分類法も、また、クリスタルタイプ、プラチナタイプ、ゴールドタイプという命名もピーチスノウのオリジナルです。では、それぞれの特徴を具体的に説明していきます。

クリスタルタイプ（コンセンサスを大切にする）

何事においてもコンセンサスをとることを重視する人たちです。

このタイプに属するスノウカラーはイエローグリーン（黄緑）、イエロー（黄）、ブルー

（青）、グリーン（緑）の4種類です。個性の4グループでは、イエロー（黄）とイエローグリーン（黄緑）やブルー（青）とグリーン（緑）は違うタイプでしたが、個性が対人関係など集団の中で発揮される時は同じタイプになります。

クリスタルタイプは、コンセンサスを優先しますから、競争やケンカを好まない平和主義者、和を尊ぶ人たちです。自分のことよりも、最初に相手のことを考える傾向にあり、何よりも人と人との信頼関係を大切にします。

極端に言えば、結果よりもそこに至るまでのプロセスを大切にするため、自分自身の人柄や人間性を評価して欲しいと考えています。つまり、数字で表せる成果よりも、信用や理念、義理や名誉、情報、人脈など、目に見えないものを大切にする人たちです。

キーワード PCH（ピッチ）

P Process《プロセス》（過程）… 結果よりもそこに至るまでのプロセスを大切にする

C Concept《コンセプト》（理念）… 理念や原理原則を重視して考え、行動する

H Human《ヒューマン》（人間性）… 人柄や人間性を評価して欲しい

プラチナタイプ（リアリティーを大切にする）

プラチナタイプと呼ぶ人は、目に見えないものよりも目の前のリアリティー（現実）を大切にする人たちです。

このタイプに属するスノウカラーは、ターコイズ（緑青）、オレンジ（橙）、ブルーグリーン（青緑）、マゼンタ（赤紫）の4種類です。

周囲の意見に流されずに、自分の価値観を軸に考え、何事も合理的に判断、対応します。地に足のついた現実的な行動をするので、目に見える数字で評価されることを好みます。この点ではクリスタルタイプとは真逆の個性と言えるでしょう。自分の世界を築き、目標に向かってやりがいのある人生を生きたいと考えているので、その結果を得るためには徹底的にムダを省き、より現実的で効率のよい行動をとる傾向にあります。仕事においても、名誉より形のある価値（お金や財産）を求め、ギブアンドテイクでしっかりと損得計算のできる人たちです。

キーワードACE（エース）

A　Ability《アビリティー》（実力）：自分の世界を築き、目標に向かってやりがいのある生き方をしたい

C　Cost Performance《コストパフォーマンス》（費用対効果）：結果を得るためにムダを省き効率の良い行動をする

E　Economy《エコノミー》（経済）：形のある価値（お金や財産）を求め、ギブアンドテイクで損得の計算ができる

ゴールドタイプ（フィーリングを大切にする）

3つ目のゴールドタイプと呼ぶ人は、意見の一致を重視するクリスタルタイプとも現実派のプラチナタイプとも違い、物事に臨機応変に対応することができる人たちです。

このタイプに属するスノウカラーは、パープル（紫）、レッドオレンジ（赤橙）、インディゴ（青紫）、レッド（赤）の4種類です。

いつも輝いていたい、スケールの大きなことをしたいと考えているので、組織の中ではある程度の責任を任された上で、自由に行動できる環境を好む傾向にあります。また、場

の空気を読みながら上下関係には敏感に反応し、プライドや肩書などの世間体を気にする一方で、さらなる可能性を求めて広がりのある生き方をするタイプでもあります。

何事も世の中に広めていくことを得意としますが、フィーリングを大切にするあまり、ノリの良い時と悪い時の落差があり、言うことが変わることもままあります。スケールの大きな思考と行動力が特徴です。

キーワード B-I-S（ビス）

B Bright《ブライト》（輝き）…すべての中心でいつも輝いていたい。スケールの大きなことをしたい

I Inspiration《インスピレーション》（ひらめき）…臨機応変に考えノリで行動する

S Status《ステイタス》（地位）…まわりから一目置かれたいと考え、立場や上下関係には敏感に反応する。プライドや肩書き、世間からの見え方などを意識する

STEP
6

個性の３タイプで歴史を分析する

前章で、社会的な役割から個性をクリスタルタイプ、プラチナタイプ、ゴールドタイプの3タイプに分類し、その特徴を述べました。本章では、それぞれの個性が歴史的にどのような役割を果たしたのかを見ていきます。私自身、歴史の中で活躍した人々を誕生日から分類して、これほど合致する結果が得られたことに驚きました。まさに、誕生日が天意、天命の証だろうと思います。

クリスタルタイプが成し遂げた明治維新

明治維新は過激な反体制運動のように見えますが、国が分裂するような大戦争にはならず、長く内戦が続くこともありませんでした。

これほどの体制の大転換がほぼ無血革命に近い状態で実現できたのは世界史的にみても稀有《けう》なことでしょう。

クリスタルタイプとはイエローグリーン（黄緑）、イエロー（黄）、ブルー（青）、グリーン（緑）のスノウカラーを持っている人のことですが、明治維新の功労者にこのクリスタルタイプの色エネルギーの持ち主が多いのは興味深いことです。

幕末の二大スローガンは尊王攘夷《そんのうじょうい》と王政復古です。外国勢力を打ち倒すという攘夷はすぐに無理だと気づいたのですが、天皇を中心とする中央集権国家に戻すという王政復古の理念は明治維新の原動力になりました。

そんな時代に理念好きのクリスタルタイプが活躍したのです。

明治維新は長州藩の人たちが中心となり進行していくのですが、中でも松下村塾の出身者が活躍しました。この塾を創設したのは吉田松陰（1830年9月20日生）で、この人はクリスタルタイプのグリーンの個性です。

明治維新の精神的指導者で、倒幕を計画して投獄され、満29歳という若さで死罪になったのですが、この松陰の影響を受けて倒幕運動にのめり込んでいった若者がたくさんいました。そのうち、奇兵隊を創設した高杉晋作（1839年9月27日生）や高杉のあと奇兵隊の総監となった赤根《あかね》武人《たけと》（1838年2月7日生）もグリーンの個性です。

奇兵隊は藩士以外の庶民からなる混成部隊ですが、その中に力士隊というものがあり、隊長を務めたのが伊藤博文（1841年10月16日生）で、イエローの個性でクリスタルタイプです。明治になってから初代の内閣総理大臣を務めましたが、伊藤内閣で大蔵大臣など歴任した井上馨《かおる》（1836年1月16日生）もイエローの個性です。

他にも薩長同盟の長州側の代表として西郷隆盛と対峙《たいじ》した木戸孝允《たかよし》（桂小五郎、1833年8月11日生）もクリスタルタイプで慎重なブルーの個性らしく、彼は西郷を信用できず坂本龍馬に見届人として裏書を依頼したことはSTEP3で前述の通りです。

この薩長同盟のおかげで長州藩は大量の最新鋭武器を薩摩名義で秘密裏に調達し、幕府から仕掛けられた第2次長州征伐に勝利したのです。

吉田松陰は倒幕運動という過激な発想を先鋭化していったので、反体制を煽った人物というイメージが強いのですが、調べてみると別の側面が見えてきます。松陰の残した「飛《ひ》耳長目《じちょうもく》」（情報を収集し判断材料とせよ）や「一君万民《いっくんばんみん》」（天皇の下に万民は平等である）という理念は、いかにもグリーンの個性らしく思えます。情報を集めて客観的に物事を判断することはグリーンの人の得意技です。

また、彼の教育法はトップダウン式の押しつけるものではなく、当時では珍しく弟子と議論したり、座学だけではなく登山や水泳などを楽しんだりと、クリスタルタイプらしい協調的なものだったようです。

松下村塾の出身者以外では、幕府との戦いで最新鋭武器を使いこなし、巧妙な用兵術で活躍した、長州藩士の大村益次郎（1824年5月30日生）もクリスタルタイプのブルーの個性です。この人は後に日本陸軍の創始者とも言われるようになりました。

木戸孝允の同僚として活躍した広沢真臣《さねおみ》（1834年2月7日生）もブルーの個性で、維新十傑のひとりになっています。

他にも奇兵隊の結成を援助し、自身も51歳の高齢ながら入隊し、会計方を務めた白石正一郎（1812年4月18日生）がイエローグリーンの個性です。この人は下関の豪商で代々荷受問屋を営んでいた家の8代目として生まれました。正直で控えめな人で奇兵隊の援助を続けた結果、財は底をつき、借金を抱えるようになります。維新成立後新政府から仕事の誘いを受けますがこれを断り、一切の見返りを求めませんでした。歌や学問を愛し、下関の赤間神宮の2代目宮司となって生涯を終えたのです。

長州藩以外では佐賀藩の江藤新平（1834年3月18日生）がクリスタルタイプのブルーの個性です。明治政府の初代司法卿《しほうきょう》（法務大臣）を務め三権分立を推進し、日本の近代司法体制の生みの親になりました。

薩摩藩の大久保利通（1830年9月26日生）もクリスタルタイプのイエローグリーンの個性です。維新後1871年に大蔵卿（大蔵大臣）に就任し、すぐに岩倉使節団の副使としてアメリカ、ヨーロッパを1年10か月以上かけて廻りました。

当時の先進国の進んだ技術や経済、軍事、科学や教育制度などを見聞し、帰国後は初代内務卿（内務大臣）として実権を握り富国強兵をスローガンとして殖産興業政策を推し進めます。

アメリカ、ヨーロッパで見た先進国と日本との格差、これを自覚した大久保と、留守政府を支えた西郷隆盛の情報量の差が、その後西南戦争へと発展していきました。大久保と西郷という盟友の2人が決定的に決裂してしまうのですが、やはり大久保、伊藤、木戸、井上、江藤、大村などのクリスタルタイプの人たちが同じような価値観で明治政府を牽引《けんいん》し、そこからプラチナタイプの西郷がはじかれてしまったような気がするのです。

最後にもう１人、江戸幕府第15代将軍徳川慶喜（１８３７年10月28日生）を取りあげてみます。この人も理念を重視するクリスタルタイプのブルーの個性です。不思議な存在感のあるこの人らしい行動を振り返ってみましょう。

１８６７年にわずか16歳の明治天皇が即位し慶喜は天皇に大政奉還を申し出ます。１８６８年には「王政復古の大号令」が発令され新政府がスタートするのですが、この時にはこれに抵抗する旧幕府勢力がいました。

大坂城に控える旧幕府軍は約１５０００人、長州薩摩軍を中心とした新政府軍は約５０００人で、ここからが京都の南部で始まった鳥羽伏見の戦いです。官軍として「錦の御旗」を掲げて進軍する新政府軍を見て、水戸学派で尊皇が染み込んでいた慶喜は朝敵となることを恐れ退却を決断します。少数の側近を連れて大坂城を抜け出し海路で江戸へ逃げ帰ったのです。これで旧幕府軍は戦争目的を喪失し、敗北は決定しました。

鳥羽伏見の戦いから始まった戊辰《ぼしん》戦争は会津藩などを中心に奥羽越列藩同盟として抵抗を試みますが、これも順次制圧され北海道函館の五稜郭で終結します。

徳川慶喜の、天皇に逆らうことは絶対にできないというクリスタルタイプらしい原理主義的な判断と、正直で自然体というイエローグリーンらしさが、この結果に結びつきました。

このようにして日本中が戦乱に巻き込まれることもなく、多くの血が流されることもなかったのです。

幕府のトップのクリスタルタイプ的な行動が新しい時代を生み出すことに大いに役に立ったと言えるのではないでしょうか。

ゴールドタイプが主導した大東亜共栄圏構想

大東亜共栄圏とは、日本、満州、中国連合を中軸とし、インドネシアを含む東南アジア一帯を日本の指導のもとに経済的、文化的共同体として組織しようとしたもので、欧米帝国主義の植民地支配下にあったアジア諸国を解放して日本を盟主とした共存共栄のアジア経済圏をつくろうという構想だったのです。

このような時代のリーダーはスノウカラーでいうと、パープル（紫）、レッドオレンジ（赤橙）、インディゴ（青紫）、レッド（赤）の色エネルギーの持ち主が多いように思います。

この人たちをゴールドタイプと呼びます。ゴールドタイプは可能性を求めて、広がりのある生き方をします。何事も世の中に広めていくことを得意とする人たちです。やる時は徹底してやる、敵と味方をはっきり分けるというような個性も持っています。

明治維新から27年が経過した1894年に日清戦争が勃発します。朝鮮半島の権益を争って清国と日本が戦った戦争ですが、この頃の日本の指導者はまだ維新の重鎮、伊藤博文や山縣有朋《やまがたありとも》などでした。

その後1904年に始まった日露戦争は朝鮮半島に加えて満州（中国東北部）の支配権を巡る戦いです。

この戦争で活躍した人の中に乃木希典《まれすけ》（1849年12月25日生）がいます。レッドオレンジの個性の持ち主で、ゴールドタイプです。乃木は旅順の攻略、とりわけ二百三高地の攻略戦で有名になりました。

二百三高地とは文字通り、海抜203メートルの高地で旅順港を一望できる位置にあり、ここをおさえることは戦争の雌雄を決するかもしれない重大な局面でした。

この戦いで乃木は次男を戦死させ、その直前の南山の戦い（遼東半島での戦い）でも長男を戦死させていたため、2人の大切な子どもを相次いで亡くすことになってしまいました。しかし多くの戦死者を出す決死の戦いの末二百三高地の攻略に成功し、旅順要塞も見事に陥落させたのです。日本はその後の日本海海戦でもロシアのバルチック艦隊を壊滅させ、奇跡的な勝利を手にしました。

1912年に明治天皇が崩御されると、乃木は妻と共に自決してその生涯を閉じます。レッドオレンジらしいきっぱりとした生き方を貫いたのでしょう。

日露戦争の勝利のあと、ロシアから獲得した租借地である中国の関東州（満州）と、南満州鉄道の付属地の守備をしていた陸軍部が、1919年に関東軍として独立することになります。

1928年に関東軍作戦主任参謀として満州に赴任した石原莞爾《かんじ》（1889年1月18日生）もレッドの個性の持ち主でゴールドタイプです。石原は満州に赴任すると1931年にさっそく満州事変を起こします。

満州事変とは南満州鉄道の線路上で爆発が起き、関東軍はこれを張学良の東北軍による破壊工作だとして、直ちに軍事行動に移り、瞬く間に満州全土を占領下におくことになった事件です。

戦後GHQ（連合国軍総司令部）の調査によって、この事件は石原莞爾らによる自作自演の陰謀であったことが判明したのですが、ともかくこの満州事変をきっかけにして1932年には「五族協和」による「王道楽土《おうどうらくど》」を建設するという名目で満州国が建国されました。

五族協和とは満州族（女真族）、漢民族（中国人）、蒙古族（モンゴル族）、朝鮮族、日本民族が協力して国づくりを行うというものです。王道楽土とはアジア的理想国家（楽土）を徳による統治（王道）でつくるという意味です。

このようなイメージ先行型の拡大志向はゴールドタイプにありがちなものですが、特に満州国建国は石原莞爾のリーダーシップが大きく影響したと思います。その後も石原独自の「世界最終戦争」という構想通りに、アメリカとの全面戦争に突入してしまいます。

話を戻すと、石原は1937年から関東軍参謀副長に出世しますが、この翌年から満州国に関する戦略構想を巡って、参謀長の東條英機（1884年7月30日生）との確執が始まります。東條も石原と同じレッドの個性でゴールドタイプです。

石原は満州国を満州人自らに運営させアジアの盟友に育てようと考えていたのですが、これを理解しない東條と対立したのです。

東條英機もゴールドタイプらしく拡大志向の人で、その後1941年に第40代内閣総理大臣に就任すると同年12月8日に真珠湾攻撃を決行します。それまでアメリカはヨーロッパ戦線に対しても、不干渉主義の立場をとっていましたが、この奇襲攻撃でアメリカの世論は一変します。「リメンバー・パールハーバー」を掛け声に参戦することになったのです。

日本とアメリカの国力差を考えるとこの真珠湾攻撃は無謀な決定だったと思うのですが、この決断に、もうひとりのゴールドタイプの人が関与していました。

連合艦隊司令長官山本五十六《いそろく》（1884年4月4日生）です。山本は、自由奔放で直感や閃《ひらめ》きを重視するパープルの個性の人でした。最後まで戦争に反対していたと言われていますが、発言資料を調べてみると開戦反対派というイメージとは違った横顔が見えてきます。

例えば、1929年のロンドン軍縮会議に次席随員として参加した際、山本は会議で提案された軍縮案に強く反対するのですが、大蔵省から派遣された賀屋《かや》興宣《おきのり》が「財務面から大きい負担には堪えられない」という旨の意見を言おうとした際、「賀屋黙れ、なお言うと鉄拳が飛ぶぞ」と怒鳴りつけたりしています。

また、1934年には、斎藤博駐米大使に「俺も軍人だからね。どうしてもアメリカとやれと言われれば、アメリカをもやってご覧に入れたいね」「俺の夢なんだからね。空母10隻、航空機800機を準備する。それだけで真珠湾とマニラを空襲し、アメリカの太平洋艦隊とアジア艦隊を潰すことは確実にできるんだよ」などの発言があったようです。

いかにもパープルらしい奔放でイメージの広がりを好むところが見受けられます。そうした発言や行動が、結果として日本を誤った方向に導いていったのかもしれません。

他に、本土防衛の最後の砦《とりで》ともいうべき硫黄島《いおうとう》の戦いにおいて1945年アメリカ軍に徹底抗戦し玉砕した時の指揮官、栗林忠道《ただみち》（1891年7月7日生）もレッドの個性でゴールドタイプでした。

2006年公開の映画「硫黄島からの手紙」で渡辺謙さんが演じたので覚えておられる方もいらっしゃるでしょう。まさにレッドの個性らしく、やる時は徹底してやるを証明した戦いでした。

山本五十六の前の第24代連合艦隊司令長官永野修身《おさみ》（1880年6月15日生）もレッドの個性でゴールドタイプです。彼は1941年9月6日の御前会議の後「戦わざれば亡国となると政府は判断されたが戦うもまた亡国につながるやもしれぬ。しかし戦わずして国亡びた場合は魂まで失った真の亡国である。最後の一兵まで戦うことによってのみ死中に活路を見出しうるであろう」とレッドらしい思いを語っています。

戦後A級戦犯として裁かれた武藤章《あきら》（1892年12月15日生）もレッドの個性でゴールドタイプです。1936年に関東軍参謀第2課長に就任し当時の上司である石原莞爾より も過激な拡大方針を主張しました。

同じくA級戦犯となった土肥原《どいはら》賢二（1883年8月8日生）もパープルの個性でゴールドタイプです。帝国陸軍きっての中国通として知られ謀略も辞さない強硬な対中政策の推進役として昇進を重ねていきました。

最後に軍人以外のゴールドタイプの方を2名ご紹介しておきます。

１人は当時の日本の拡張政策を思想面から強力にサポートした大川周明《しゅうめい》（１８８６年12月６日生）です。この人もレッドの個性でゴールドタイプです。

大川周明は満州国の建国を支持し「新国家が成立し、その国家と日本との間に国防同盟ならびに経済同盟が結ばれることによって、東洋平和の実現に甚大なる貢献をなすであろう」と主張しました。

大川の著作『日本二千六百年史』は１９３９年に出版されベストセラーになっています。

ジャーナリズムの世界からこの戦争を煽った人物に、戦前の朝日新聞の代表取締役を務めた緒方竹虎《たけとら》（１８８８年１月30日生）がいます。この人もレッドでゴールドタイプです。

朝日新聞は満州事変後の日本のナショナリズムを煽る戦争報道で、国論を戦争賛美の方向に誘導する役割を担いました。

明治の終わりから大正昭和にかけて日本が拡張主義をとり中国大陸やアジアに進出していった時代は、その時代に要請されたごとく、広がりを好むゴールドタイプの人たちの活躍の場が必然的に用意されていたのもしれません。

プラチナタイプが活躍した戦後復興

約3１0万人の日本人が犠牲になった第2次世界大戦が終わり、日本はＧＨＱの管理下に置かれ、この状態は１952年のサンフランシスコ講和条約の発効の日まで続きました。

そんな時代に経済合理性を追求するプラチナタイプの人が日本の復興のために大活躍することになったのです。

プラチナタイプとはターコイズ（緑青）、オレンジ（橙）、ブルーグリーン（青緑）、マゼンタ（赤紫）の色エネルギーの持ち主のことです。

プラチナタイプの人は、形の見える価値（お金や財産）を求め損得の計算に長けています。結果を得るためにムダを省き効率の良い行動をするので、経営能力に優れた人が多いようです。

戦後の混乱期で思想や理念はともかく、経済を優先して日本を立て直す必要のあった時期ですから、プラチナタイプが活躍したのも、やはり時代の要請だったのでしょう。

真っ先に取りあげなければならない人物は吉田茂（1878年9月22日生）です。この人はオレンジ（橙）の個性でプラチナタイプです。とにかく明るい人だったようで、葉巻をくわえて大笑いしている姿が印象的です。

戦後、GHQのマッカーサーと対峙するにあたって、吉田の心は「戦争に負けても外交に勝った歴史はある」でした。負け惜しみのように聞こえますが、とにかく前向きなオレンジらしいとらえ方です。そして「よき敗者」としてプライドや理想を捨ててマッカーサーとの信頼関係を築いていったのです。これはプラチナタイプらしい合理的な、実利を優先する判断でした。

第1次吉田内閣が発足すると、官僚出身者を中心とした実務的な内閣を組織し、その後も自らの政治基盤を支え、後進を育てるために「吉田学校」と呼ばれる国会議員のグループをつくりました。吉田の引退後も吉田学校の出身者は戦後日本を牽引することになり、その代表が池田勇人《はやと》や佐藤栄作です。

戦後復興に力を尽くした人物に堤康次郎《やすじろう》（1889年3月7日生）と五島慶太《ごとうけいた》（1882年4月18日生）がいます。もちろん戦前から経済界、政界で大きな実績を残されたお2人ですが、戦後もさらに事業を発展させていったのはご存じの通りです。2人ともプラチナタイプのターコイズの個性です。

両者は西武鉄道と東急電鉄の経営を中核として、住宅、土地開発、流通、観光事業など共通の領域でライバルとして激しい競争を繰り広げました。

堤康次郎は旧宮家や華族が戦前まで所有していた邸宅を戦後に買い取り、そこにプリンスホテルを建設するなど意欲的に経営手腕を発揮しました。また軽井沢や箱根などリゾート地の開発にも乗り出します。

一方の五島慶太も1953年から、神奈川県北部に高級住宅地の田園調布を発端とした多摩田園都市開発を手がけます。

そして伊豆、箱根、軽井沢などで観光開発に力を注ぎ、康次郎と激しく対立することになるのです。

「ピストル堤」と異名をとった康次郎と「強盗慶太」と揶揄《やゆ》された五島慶太の「犬猿の仲」はターコイズらしさの激突でした。ターコイズの個性は「独自の世界観を持ち」「人の批判はあまり気にならない」「マイペースな生き方をする」というもので、このケースでは似た価値観を持つ2人が調和に向かうのではなく、似ているがゆえの意地の張り合いになっていくのです。

2人の物語は後を継いだ次男の堤清二、三男の堤義明と、五島慶太の長男の五島昇の時代まで続きます。西武流通グループ（旧セゾングループ）を経営する清二と、西武鉄道グループ（コクド）を経営する義明は、経済界でも大きな力を発揮しますが、五島昇も38歳の若さで東急グループのトップに君臨します。

西武鉄道グループはプリンスホテルを全国に広め、流通グループは西武百貨店や無印良品、西友ストアなどを展開します。

五島昇も東急百貨店、東急ハンズ、渋谷109などを展開し、特に渋谷では西武対東急の「仁義なき闘い」と呼ばれる市場争奪戦が繰り広げられたのです。

また、経営者で戦後復興に最も貢献した人としては、何といっても松下幸之助（1894年11月27日生）です。

この人はマゼンタの個性でプラチナタイプですが、「経営の神様」として日本で最も尊敬された経営者だといえます。和歌山市で生まれ、地主だった父が米相場で失敗し、破産したために、彼は尋常小学校を4年で中退して9歳で丁稚《でっち》奉公に出ます。自転車屋などで奉公した後、16歳で大阪電燈（現関西電力）に入社し、7年間勤しました。

その後ソケットの製造販売をするために独立起業に踏み切ります。有名な二股ソケットがヒットし、自転車用電池ランプの開発などでも成功し、戦前からすでに事業的成功を手に入れていました。

1932年にはすでに「水道哲学」などを訓示していたようです。

水道哲学とは「水道の水のように、低価格で良質なものを大量供給することにより、安価な商品を消費者の手に行き渡らせよう」という経営哲学なのですが、そもそもこれはアメリカのフォード自動車の創業者ヘンリー・フォードに倣ったものでした。

大量生産のT型フォードがその安さからアメリカをはじめとする世界各国に広がり、これが「水道哲学」のはじまりだったのです。

オリジナリティーを追求して、時間を浪費してしまうよりも、良いものがあればマネをして活用する。これはプラチナタイプの合理性のなせる業です。

実は松下幸之助が創業した松下電器産業（現パナソニック）は「マネシタ電気」と揶揄されるほどで、先行する企業が開発した技術を後追いで学び、自分のものにしてしまうことが得意でした。今で言う「キャッチアップモデル」で、これはプラチナタイプらしい効率の良い考え方でした。

この松下電器産業と、30年にわたって安売りをめぐって戦ったのがダイエーです。今はイオングループに買収されて、ほとんど名前を聞かなくなりましたが流通革命を起こした企業です。

創業したのは中内㓛《いさお》（1922年8月2日生）で、この人も松下幸之助と同じマゼンタの個性でプラチナタイプです。

「ダイエー・松下戦争」と呼ばれるものは、価格破壊をスローガンに安売り戦略を推し進めたダイエーに対して、松下電器産業は商品の出荷を停止するという対抗措置をとったことから始まりました。1975年には松下が中内を京都に招いて「覇道をやめて王道を進んではどうか」と提案しますが、中内はダイエーの信念である「良い商品をどんどん安く消費者に提供する」という姿勢を崩さず、これを受け入れませんでした。その結果ダイエーと松下の対立は、幸之助没後の1994年まで続くことになったのです。

中内㓛の発言録を見ると

「売上はすべてを癒す」

「ええ格好するな。現実に足をつけ、自分の身体で考えたこと以外言うな」

「実践とは、自分で手を汚して最前線に出て、初めて分かる」

「我々はダイエーでしかできないことを、この国が本当の豊かさを実現するために、あえてリスクを冒してでも実行して行かねばならない」

というふうに、現実的で経済的な成果を重視するプラチナタイプらしい発言が多く見られます。

他にもダイエーの同業者で成功したイトーヨーカ堂の創業者・伊藤雅俊（１９２４年４月30日生）もマゼンタの人でプラチナタイプです。

この人はデニーズやセブン-イレブンを設立したことでも有名です。そういえばローソンを始めたのもダイエーでしたね。

あと２人、戦後の復興に大切な役割を果たしたプラチナタイプの人を紹介しておきます。

戦後の食糧難で、政府は日本に餓死者が出るかもしれないことを危惧していました。

そんな時代に日清食品を創業した安藤百福《ももふく》（１９１０年３月５日生）が１人目です。

この人はブルーグリーンの個性でプラチナタイプです。日本統治時代の台湾で生まれ、その後立命館大学で経済を学び、戦後は大阪で食品事業を手掛けることになります。「衣食住というが、食がなければ衣も住もあったものではない」という思いで日清食品を設立し、やがてインスタントラーメンの開発に成功します。

１９５８年に「チキンラーメン」という商品名で販売を開始し、「ある日突然に爆発した」というくらいのヒット商品になりました。

安藤はインスタントラーメンを①おいしくて飽きがこない②保存性がある③調理に手間がかからない④安価である⑤安全で衛生的の5要件を満たすものと定義し、開発に励んだのです。プラチナタイプらしい合理主義的で経済的な発想で定義したのでしょう。その後もカップヌードルの開発にも成功し、全世界の食料事情の改善に貢献しました。

2007年に享年97歳で死去しましたが、同年ニューヨーク・タイムズは社説でその死を悼み、「日本から世界に普及した他の製品と同じく、会社組織のチームで開発された奇跡だと思っていたがそうではなかった。安藤百福というたった1人の人間の力で開発されたものである」と驚きを表現し、さらに「人に魚を釣る方法を教えればその人は一生食べていけるが、人に即席麺を与えれば、もう何も教える必要はない」というジョークで社説を締めくくっています。

安藤百福氏のプラチナタイプらしい発言を見てみましょう。

「インスタント食品とは、時間を大切にする食品ということになる」

「新幹線のグリーン車に乗ることに何の意味があるのか。どこに乗ろうと目的地に着く時間は一緒じゃないか」
「人間は食べていかないと何もできない。空腹が満たされて、初めて音楽や絵画や文学を楽しむことができる」

ここでも効率を考え、プロセスよりも結果を重視するプラチナタイプのリアルな思考法がよくあらわれています。

戦後復興において、食料事情の改善の他にも大事なことがもう一つありました。
それは、エネルギー事情の改善ということで、食とエネルギーは現在でも人間の生存に最も不可欠なものです。

もう一人のプラチナタイプの人は、百田尚樹さんのベストセラー小説『海賊とよばれた男』の主人公のモデルとなった、出光興産創業者の出光《いでみつ》佐三《さぞう》（1885年8月22日生）です。

この人は、スノウカラーがオレンジ（橙）で、どんな困難にも明るく立ち向かっていく人でした。

福岡県宗像《むなかた》市で生まれた出光は、神戸高等工業学校（現神戸大学）を卒業後、1940年に出光興産を創業します。

1945年8月に終戦を迎え何もかも失ってしまった日本で、彼は従業員に「愚痴をやめよ」と訓示し、日本再建にとりかかることを表明します。

彼を世界的に有名にしたのは、1953年の日章丸事件です。

第2次世界大戦後、イランは独立してはいましたが、石油資源はイギリスの石油メジャーの管理下に置かれ、イラン政府にはその利益がほとんど分配されない状況にあったのです。

1951年にイランは石油の国有化を宣言し、石油メジャーの資産を接収します。それに反発したイギリスは中東に軍艦を派遣し、イランへ石油の買い付けに来たタンカーは撃沈すると国際社会に表明したのです。事実上の経済封鎖です。

その頃日本は占領下で、占領終了後も独自のルートで石油を自由に輸入することが困難であり、経済復興の足かせとなっていました。

1953年3月、出光はその足かせを憂慮し、イランに対する経済制裁に国際法上の正当性は無いと独自判断をして極秘裏に日章丸（タンカー）をイランに向けて出港させたのです。イギリス海軍の監視の目をくぐって、同年4月10日に日章丸はイランに到着します。この時点で世界中のマスメディアがこれを報じ、武器を持たない民間企業がイギリス海軍に「喧嘩を売った事件」として日本でも連日報道されました。

石油を積んだ日章丸は4月15日イランを出港し、イギリスによる海上封鎖を突破して5月9日には日本に石油を運び入れたのです。さすがにあっけらかんとした突破力を持つオレンジの個性の面目躍如といったところです。
この出光の勇気ある行動は、その後石油の自由な貿易が始まる突破口を開いたのでした。

出光の発言録をご紹介しておきましょう。

「生産者、消費者にどうしたら利益を与えるかというと、一番手っ取り早い話が経費の節約である。色々な関門、問屋、卸屋、小売という経費を節約することである」
「人のやっていないことをやると実りが大きい」
「商売気を離れて、油の用意をした。私のお客だけは油不足で仕事を休むようなことはなかった。他の事業会社では、油が切れて、事業を休んだ所がたくさん出た。私はただ、お客のために油を用意しただけだ。しかし戦争が済んだら、油は出光に任せておけということになった。金は儲けなかったが得意先を儲けたのだ」

ここでも、「私のお客だけは」や「得意先を儲けた」という言い方や考え方に、実力重視や、損得に対する合理性などのプラチナタイプらしさがにじみ出ているのです。

他にもソニーの井深大《いぶかまさる》（1908年4月11日生）やホンダの藤沢武夫（1910年11月10日生）はマゼンタ、トヨタ自動車の豊田章一郎（1925年2月27日生）はターコイズなど多くの経営者が経済合理性を重んじるプラチナタイプの個性を発揮して、日本の戦後復興を盛り上げたのです。

STEP

7

有名人の相性分析

相性とは

「相性」とは、複数のものが持つ性質や気質が合うかどうかを表すものですが、もともと古代中国の思想である陰陽五行思想から出たものです。全ての物事が持つ属性がどう影響し合うかを分析するときに、その関係性を「相性」という言葉で表現したのです。

後に時代が下がると、これを人間同士の関係性にも利用するようになり、男女の関係性をはじめ、様々な側面でこの考え方を活かすようになりました。

人間関係は、袖すり合うも他生の縁と言います。「他生」とは、今世から見た前世や来世のことです。道で見知らぬ人と袖が触れ合うようなことも全てなにかしらの因縁であることから、どんな出会いも大切にしようという教えです。人の出会いは不思議なものですが、STEP4のシンクロニシティの章で述べたように、私たちの意識が引き寄せる現象の1つだと考えます。一期一会たりとも、宇宙の力が働いているわけです。相性を知って、相手を理解し、より豊かな関係性を築きたいものです。

例えば、ピーチコアが全く同じ場合は、2人の相性は親友相愛となります

T+	(木)	ストレート		T+	(木)	ストレート
F+	(火)	ピース		F+	(火)	ピース
E+	(土)	ヒューマン	←→ 親友相愛	E+	(土)	ヒューマン
M+	(金)	パワフル		M+	(金)	パワフル
W+	(水)	ダイナミック		W+	(水)	ダイナミック

T−	(木)	ソフト		T−	(木)	ソフト
F−	(火)	ロマン		F−	(火)	ロマン
E−	(土)	リアル	←→ 親友相愛	E−	(土)	リアル
M−	(金)	プライド		M−	(金)	プライド
W−	(水)	ロジカル		W−	(水)	ロジカル

ピーチコアが同一記号のプラスマイナスの場合、2人の相性はライバル対等となります。

T+	(木)	ストレート		T−	(木)	ソフト
F+	(火)	ピース		F−	(火)	ロマン
E+	(土)	ヒューマン	←→ ライバル対等	E−	(土)	リアル
M+	(金)	パワフル		M−	(金)	プライド
W+	(水)	ダイナミック		W−	(水)	ロジカル

ピーチコアが五行相性の場合

2人の相性は一方が貢献する、援助する、もう一方が貢献されるとなります。
この場合、プラス、マイナスの部分は関係しません。

T	（木）	→	F	（火）
F	（火）	→	E	（土）
E	（土）	貢献援助する →	M	（金）
M	（金）	→	W	（水）
W	（水）	→	T	（木）

ピーチコアが五行相克の場合

2人の相性は一方が支配、干渉する。もう一方が支配、干渉されるとなります。
この場合も、プラスマイナスの部分は関係しません。

T	（木）	→	E	（土）
F	（火）	→	M	（金）
E	（土）	支配干渉する →	W	（水）
M	（金）	→	T	（木）
W	（水）	→	F	（火）

陰陽五行説とは

では、相性のベースとなる陰陽五行説について簡単に説明しておきましょう。

陰陽五行説は、陰陽説と五行説から成り立っています。

陰陽説は、自然界のすべてのものを「陰」と「陽」という、相反する2つの極がダイナミックに作用（対立・依存）することが現象の本質であると考えました。

森羅万象、ありとあらゆる事物は様々な観点から陽と陰の2つのカテゴリに分類されます。陽と陰とは互いに対立する属性を持った2つの気であり、万物の生成消滅という変化はこの二気によって起こると考えられています。

「陽が極まれば陰にその場を譲り、陰が極まれば陽にその場を譲る」

絶え間ない変化のプロセスが実体であり、秩序とは、陰陽のダイナミックなバランスのことです。

陰は、収縮的、反応的、協力的、直感的という特徴を持ち、陽は膨張的で積極的、先鋭的、競合的、合理的といった特徴を持っています。月や夜、冬、女性が陰に、太陽や昼、夏、男性が陽に相当します。

では五行説とは何か。万物は、五つの元素（木・火・土・金・水）によって成り立っているという説です。

この5つの元素が互いに影響を与え合い、その生滅盛衰によって天地万物が変化すると考えます。

木をくべることによって火が燃え、燃え残った灰は土に変わり、土が集まって山となった場所からは鉱物（金）が産出し、金属は水滴を引き寄せ、水は木を成長させるという具合に、木《もっ》→火《か》→土《ど》→金《こん》→水《すい》の順に相手を強める、相手を生み出していくという影響が「五行相生《ごぎょうそうしょう》」という陽の関係性です。

逆に、水は火を消し、火は金を溶かし、金属でできた刃物は

陰陽のシンボル・太極図

木を切り倒し、木は土を押しのけて成長し、土は水の流れをせき止めるという具合に、水は火に、火は金に、金は木に、木は土に、土は水に影響を与え相手を打ち滅ぼしていくというのが「五行相克《ごぎょうそうこく》」と言われる陰の関係性です。

自然界のあらゆるものは5つの元素で成り立っているのですから、すべてがこの「相生」と「相克」の関係性にあります。相手を強め合う「相生」と、抑制し合う関係の「相克」が、過剰や不足をコントロールしながら全体のバランスを保っているのです。

また、五行説による四季の変化では、木は「春」の象徴で、樹木の成長・発育する様子をあらわします。

火は「夏」の象徴。光り輝《かがや》く炎がシンボルで、物事が盛んになる様子です。

土は季節の変わり目、「土用」の象徴です。植物の芽が地中から発芽する様子です。

金は「秋」の象徴。土中で光る鉱物・金属が元となり、金属のように冷徹・堅固・確実な性質をあらわしています。

水は「冬」の象徴。生命の源となる流れるものをあらわしています。

【五行相生】貢献援助

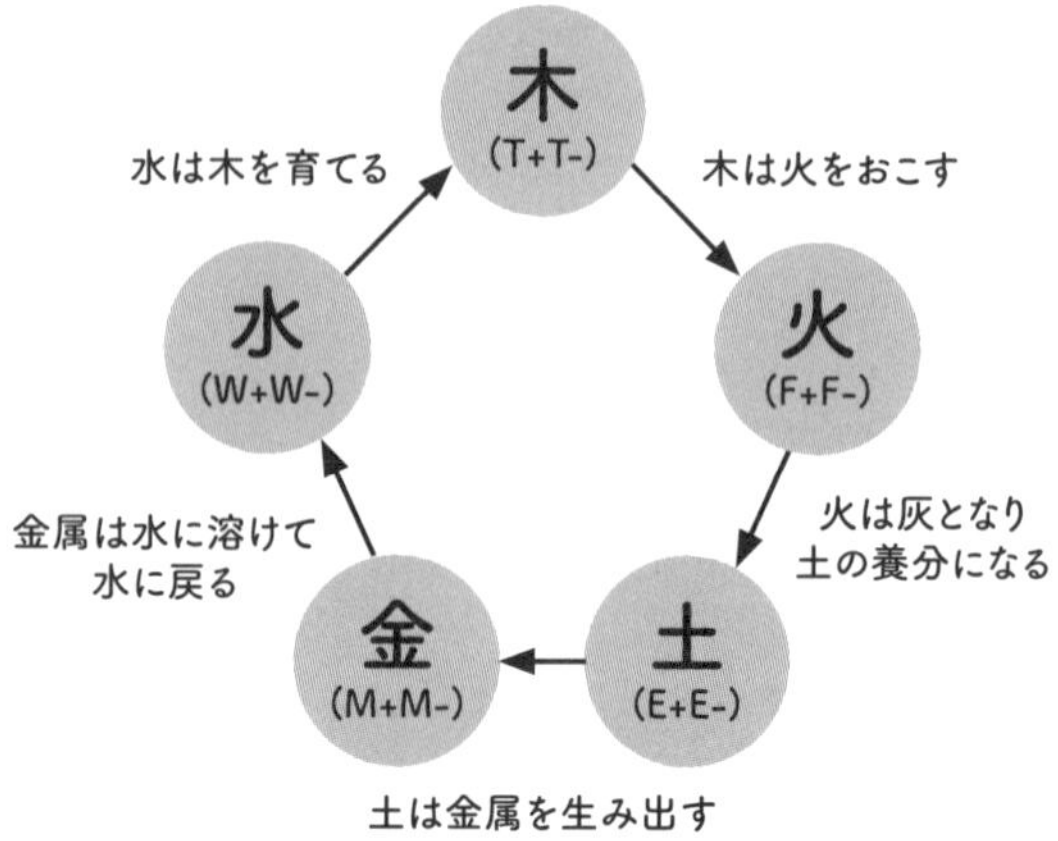

【五行相克】支配干渉

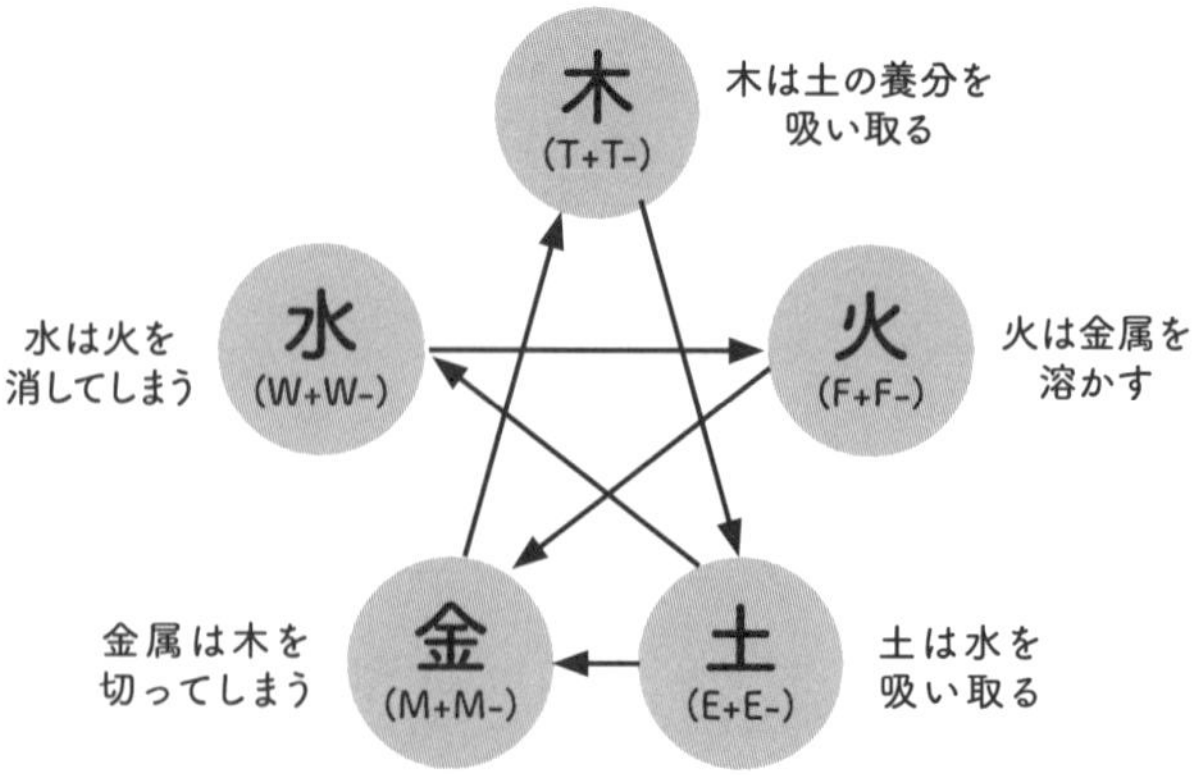

このように、四季の推移も五行の交代循環によって起こると考えられています。陰陽五行説は、古くから暦や祭事や養生法などに利用されてきました。私たちも、この大いなる法則に沿って生きてきたのです。

ピーチスノウは12色のカラーと10種類のピーチコアを使って人の個性や相性を見るコンテンツですが、本章のテーマである相性にはピーチコア10種類の記号を使います。人間誰しもが木・火・土・金・水のうち、いずれかの性質を持って生まれてきます。ピーチスノウでは自分と相手との関係が五行相生なのか五行相克なのかによって、相性の判断をします。

夫婦関係に見る様々な相性のカタチ

まずはじめに、有名な芸能人のご夫婦の相性について検証してみましょう。

夫婦のあり方も、百人百様です。様々な「夫婦のカタチ」があるのだと思います。

ここでは〈おしどり夫婦ランキング〉や〈理想の芸能人夫婦ランキング〉〈パートナーオブザイヤー〉などのリストからピックアップした中から、それぞれの相性に基づく関係性を探っていきたいと思います。テレビや雑誌等で紹介された言葉などを参考に5つのパターンに分けてみました。

Ⅰ.「親友相愛」のパターン

まず「親友相愛」の相性を持つ夫婦についてです。

親友相愛とは、気が合い、一緒に居て違和感のないカップルです。ストレスの少ない夫婦といえます。

親友相愛の夫婦

1	大谷 翔平さん	1994・7・5生／★G（グリーン） W＋（ダイナミック）
	田中 真美子さん	1996・12・11生／★T（ターコイズ） W＋（ダイナミック）
2	杉浦 太陽さん	1981・3・10生／★T（ターコイズ） F－（ロマン）
	辻 希美さん	1987・6・17生／★O（オレンジ） F－（ロマン）
3	東山 紀之さん	1966・9・30生／★G（グリーン） W＋（ダイナミック）
	木村 佳乃さん	1976・4・10生／★G（グリーン） W＋（ダイナミック）
4	片岡 愛之助さん（再婚）	1972・3・4生／★R（レッド） T＋（ストレート）
	藤原 紀香さん	1971・6・28生／★P（パープル） T＋（ストレート）
5	陣内 智則さん（初婚）	1974・2・22生／★R（レッド） T＋（ストレート）
	藤原 紀香さん	1971・6・28生／★P（パープル） T＋（ストレート）
6	陣内 智則さん（再婚）	1974・2・22生／★R（レッド） T＋（ストレート）
	松村 未央さん	1986・6・29生／★B（ブルー） T＋（ストレート）

7	菅田 将暉さん	1993・2・21生／★M（マゼンタ） W－（ロジカル）
	小松 菜奈さん	1996・2・16生／★G（グリーン） W－（ロジカル）
8	窪田 正孝さん	1988・8・6生／★T（ターコイズ） W－（ロジカル）
	水川 あさみさん	1983・7・24生／★Y（イエロー） W－（ロジカル）
9	野村 克也さん	1935・6・29生／★T（ターコイズ） F＋（ピース）
	野村 沙知代さん	1932・3・26生／★G（グリーン） F＋（ピース）
10	ジョン・レノン	1940・10・9生／★P（パープル） T－（ソフト）
	オノ・ヨーコ	1933・2・18生／★I（インディゴ） T－（ソフト）

片岡愛之助さんと藤原紀香さんのカップルを見てみましょう。テレビや雑誌などに紹介された愛之助さんの言葉です。

「家に帰ることが本当に楽しくなりました。帰ると妻は常に僕の遊び相手になってくれます」「自分は無趣味な人間なので、仕事を詰め込んでいましたが、休みをとって一緒に旅行に行きたいと思うようになりました」

2023年には映画『翔んで埼玉～琵琶湖より愛をこめて～』での2人の共演が話題と

なりました。
紀香さんの初婚のお相手は陣内智則さんでしたが、この2人も親友相愛の関係でした。さらに陣内さんの再婚のお相手、松村未央さんと陣内さんの関係も親友相愛の関係です。

野球の名選手であり名監督だった野村克也さんと妻の野村沙知代さんもこの親友相愛のカップルです。お2人とももう亡くなってしまいましたが、「生まれ変わっても沙知代と結婚したい」と言葉にするほど仲の良い夫婦でした。

沙知代さんの死後、みるみるうちに覇気を失っていった野村さんの様子は誰の目にも明らかでした。

1977年には沙知代さんの言葉が公私混同として問題視されて南海ホークスの監督を解任されました。その後は90年代にはヤクルトスワローズ監督として3度の日本一に輝き「名監督」と称えられました。しかし、2001年に沙知代さんの脱税事件で次に就任した阪神タイガースの監督も引責辞任に追い込まれ、世間での沙知代さんへの評価は「悪妻」というものでした。

ではなぜ最後まで仲の良いおしどり夫婦だったのか、野村さんご自身が次のように語っています。南海ホークスの監督を解任されて、身のまわりのものだけを持って車で東京に向かい、何のプランもなくこれからどうしようかと途方に暮れていた時、車の中で沙知代さんが、「どうにかなるわよ」と一言。

「この言葉で救われた。なんだか身体の力がスーッと抜けて、ああ、この女とならやっていけるんじゃないか、って思ったんだ」

野村さんの沙知代さんへの信頼があらわれている言葉です。

2．「ライバル対等」のパターン

「ライバル対等」という相性の夫婦について考えてみましょう。

ライバル対等の夫婦

1	太田 光さん	1965・5・13生／★M（マゼンタ） F－（ロマン）
	太田 光代さん	1964・7・6生／★Y（イエロー） F＋（ピース）
2	林家 ペーさん	1941・11・29生／★R（レッド） M－（プライド）
	林家 パー子さん	1948・8・13生／★RO（レッドオレンジ） M＋（パワフル）
3	井ノ原 快彦さん	1976・12・12生／★G（グリーン） E＋（ヒューマン）
	瀬戸 朝香さん	1976・5・17生／★BG（ブルーグリーン） E－（リアル）
4	北島 康介さん	1982・9・22生／★M（マゼンタ） E＋（ヒューマン）
	北島 千紗さん	1985・11・16生／★Y（イエロー） E－（リアル）
5	桑田 佳祐さん	1956・2・26生／★BG（ブルーグリーン） W－（ロジカル）
	原 由子さん	1956・12・11生／★BG（ブルーグリーン） W＋（ダイナミック）
6	HIROさん	1985・9・14生／★Y（イエロー） F＋（ピース）
	上戸 彩さん	1969・6・1生／★Y（イエロー） F－（ロマン）

7	木村　祐一さん	1963・2・9生／★G（グリーン）　W－（ロジカル）
	西方　凌さん	1980・8・27生／★O（オレンジ）　W＋（ロマン）
8	星野　源さん	1981・1・28生／★BG（ブルーグリーン）　F＋（ピース）
	新垣　結衣さん	1988・6・11生／★O（オレンジ）　F－（ロマン）
9	中村　芝翫さん	1965・8・31生／★BG（ブルーグリーン）　F－（ロマン）
	三田　寛子さん	1966・1・27生／★G（グリーン）　F＋（ピース）

タレントでマルチな活躍をする太田光さんと光代さんの関係です。

2022年8月の「ふたりのディスタンス」という番組で密着取材を受けた時の光代さんの発言です。

「家では全部別々で、食事も一緒に取ることはない」「空気みたいな夫婦関係」

それに対して太田光さんのほうは「離婚したらどうにも生きていけない気がする」と反応します。

2人の会話を聞いているとお互いに率直に言うべきことを言い、ざっくばらんに話している印象を受けます。所属事務所の社長を光代さんが務めていることから見ても、お2人の対等な関係性を象徴しているようです。

2023年の年末「今年1年を振り返る」という番組にお2人で出演されましたが、まるで漫才のようなやり取りでした。

光代さんは「来年60歳で還暦になるのですが、占いで61歳で人生最高の出会いがあると言われたので、まあ離婚してもいいかなと思っています」などと言って笑いをとっていました。いかにもライバル対等の相性らしい会話だと感心して見ていました。

サザンオールスターズの桑田佳祐さんと原由子さんの関係も、お互いの音楽的才能を認め合い、感性を刺激し合いながら成長しているライバル対等らしい夫婦のカタチだと思います。

3.「妻から夫へ『貢献援助』する・夫から妻へ『支配干渉』する」のパターン

一般的な夫婦関係で、コンセンサスがとれそうな仲睦《なかむつ》まじいというカップルは、妻から夫へ「貢献援助」するというのと、夫から妻へ「支配干渉」するというものですが、「夫唱婦随」といったもので、今の社会の価値観からすると少し古いとも言えます。

妻から夫へ貢献援助する

1	山田　優さん	1984・7・5生／★R（レッド） M＋（パワフル）
	小栗　旬さん	1982・12・26生／★G（グリーン） W－（ロジカル）
2	安藤サクラさん	1986・2・18生／★T（ターコイズ） W－（ロジカル）
	柄本　佑さん	1986・12・16生／★R（レッド） T＋（ストレート）
3	大島　美幸さん	1980・1・13生／★P（パープル） T－（ソフト）
	鈴木　おさむさん	1972・4・25生／★G（グリーン） F＋（ピース）
4	堀北　真希さん	1988・10・6生／★R（レッド） T＋（ストレート）
	山本　耕史さん	1976・10・31生／★Y（イエロー） F＋（ピース）
5	東尾　理子さん	1975・11・18生／★Y（イエロー） E＋（ヒューマン）
	石田　純一さん	1954・1・14生／★RO（レッドオレンジ） M＋（パワフル）

6	菅野 美穂さん	1977・8・22生／★RO（レッドオレンジ） M－（プライド）
	堺 雅人さん	1973・10・14生／★G（グリーン） W－（ロジカル）
7	松本 伊代さん	1965・6・21生／★BG（ブルーグリーン） F＋（ピース）
	ヒロミさん	1965・2・13生／★G（グリーン） E＋（ヒューマン）
8	北川 景子さん	1986・8・22生／★G（グリーン） E＋（ヒューマン）
	DAIGOさん	1978・4・8生／★R（レッド） M＋（パワフル）
9	水卜 麻美さん	1987・4・10生／★G（グリーン） E－（リアル）
	中村 倫也さん	1986・12・24生／★R（レッド） M＋（パワフル）
10	白城 あやかさん	1967・9・27生／★R（レッド） T＋（ストレート）
	中山 秀征さん	1967・7・31生／★M（マゼンタ） F－（ピース）
11	高見 恭子さん	1959・1・5生／★T（ターコイズ） F－（ロマン）
	馳 浩さん	1961・5・5生／★G（グリーン） E＋（ヒューマン）
12	安藤 和津さん	1948・3・6生／★P（パープル） M＋（パワフル）
	奥田 瑛二さん	1950・3・18生／★BG（ブルーグリーン） W＋（ダイナミック）

13	西村 知美さん	1970・12・17生／★B（ブルー） M－（プライド）
	西尾 拓美さん	1967・6・17生／★BG（ブルーグリーン） W＋（ダイナミック）
14	石原 まき子さん	1933・7・23生／★P（パープル） M＋（パワフル）
	石原 裕次郎さん	1934・12・28生／★M（マゼンタ） W－（ロジカル）
15	滝川 クリステルさん	1977・10・1生／★P（パープル） M－（プライド）
	小泉 進次郎さん	1981・4・14生／★Y（イエロー） W＋（ダイナミック）
16	小川 菜摘さん	1962・12・30生／★M（マゼンタ） W＋（ダイナミック）
	浜田 雅功さん	1963・5・11生／★I（インディゴ） T＋（ストレート）
17	松居 一代さん	1957・6・25生／★Y（イエロー） E＋（ヒューマン）
	船越 英一郎さん	1960・7・21生／★B（ブルー） M＋（パワフル）

小川菜摘さんは、「あまりケンカしないの。たまにやりあっても私がいつも折れる。先に『ごめんね』と言ってしまう。そうすると向こうも自分が悪かったのを分かっているから『ああ、こっちもごめん』となって意外と早く終わる」と言っていました。

夫から妻へ支配干渉する

1	大倉 士門さん	1993・3・16生／★M（マゼンタ） F＋（ピース）
	池田 美優さん	1998・10・30生／★B（ブルー） M＋（パワフル）
2	木梨 憲武さん	1962・3・9生／★BG（ブルーグリーン） F＋（ピース）
	安田 成美さん	1966・11・28生／★P（パープル） M－（プライド）
3	反町 隆史さん	1973・12・19生／★G（グリーン） E－（リアル）
	松嶋 菜々子さん	1973・10・13生／★T（ターコイズ） W＋（ダイナミック）
4	水嶋 ヒロさん	1984・4・13生／★G（グリーン） F－（ロマン）
	絢香さん	1987・12・18生／★YG（イエローグリーン） M－（プライド）
5	東 貴博さん	1969・12・31生／★YG（イエローグリーン） M＋（パワフル）
	安 めぐみさん	1981・12・22生／★YG（イエローグリーン） T＋（ストレート）
6	矢部 浩之さん	1971・10・23生／★R（レッド） M－（プライド）
	青木 裕子さん	1983・1・7生／★YG（イエローグリーン） T－（ソフト）

7	松井　大輔さん	1981・5・11生／★G（グリーン）　E－（リアル）
	加藤　ローサさん	1985・6・22生／★G（グリーン）　W＋（ダイナミック）
8	柳楽　優弥さん	1990・3・26生／★P（パープル）　M＋（パワフル）
	豊田　エリーさん	1989・1・14生／★YG（イエローグリーン）　T＋（ストレート）
9	名倉　潤さん	1968・11・4生／★O（オレンジ）　E＋（ヒューマン）
	渡辺　満里奈さん	1970・11・18生／★M（マゼンタ）　W＋（ダイナミック）
10	佐々木　健介さん	1966・8・4生／★YG（イエローグリーン）　T－（ソフト）
	北斗　晶さん	1967・7・13生／★O（オレンジ）　E＋（ヒューマン）
11	山下　達郎さん	1953・2・4生／★G（グリーン）　F－（ロマン）
	竹内　まりやさん	1955・3・20生／★YG（イエローグリーン）　M＋（パワフル）
12	田中　裕二さん	1965・1・10生／★RO（レッドオレンジ）　T＋（ストレート）
	山口　もえさん	1977・6・11生／★T（ターコイズ）　E－（リアル）
13	庄司　智春さん	1976・1・1生／★BG（ブルーグリーン）　W＋（ダイナミック）
	藤本　美貴さん	1985・2・26生／★M（マゼンタ）　F＋（ピース）

14	水谷　豊さん	1952・7・14生／★I（インディゴ）M−（プライド）
	伊藤　蘭さん	1955・1・13生／★YG（イエローグリーン）T＋（ストレート）
15	陣内　孝則さん	1958・8・12生／★I（インディゴ）M−（プライド）
	陣内　恵理子さん	1963・6・21生／★YG（イエローグリーン）T−（ソフト）
16	TAKAHIRO（EXILE）さん	1984・12・8生／★T（ターコイズ）F＋（ピース）
	武井　咲さん	1993・12・25生／★YG（イエローグリーン）M＋（パワフル）

おしどり夫婦というリストからピックアップしたカップルはこの2種類の相性が多かったように思います。

4.「夫から妻へ『貢献援助』する・妻から夫へ『支配干渉』する」のパターン

次に夫から妻へ貢献援助するという相性の夫婦を取り上げます。
松山ケンイチさんと小雪さんのカップルです。2人は2011年4月に入籍しました。

ケンイチさんのほうが8歳年下なのですが、その時の会見の場でケンイチさんは、5回目のプロポーズでやっと交際を認めてもらったと告白しています。

初めてプロポーズした時には「あなたみたいなひよっこで大丈夫なの？」と言われたそうで、それでも諦めきれず、「手放してはいけない大切な人」という想いを込めて熱烈にアタックし続けたそうです。馴れ初めは『カムイ外伝』での共演で、当時24歳のケンイチさんは32歳の小雪さんに何度も想いを伝えるもそのたびに撃沈し、泉ピン子さんに相談しても「悪いけどあなたには絶対無理よ」と言われたそうです。

2人は2019年春から北日本の自然豊かな雪深い地に第2の自宅を構え2拠点生活を送っていますが、これも小雪さんの意識が強く影響しているようです。3人の子供たちに大自然を体験させたいという想いや、自ら無農薬で野菜を育てるなど、健康や内面的な美しさも求める小雪さんの高い美意識を追求した結果のようです。

そうは言っても夫婦のカタチにはいろいろあって、「支配干渉」されるほうが好きという夫も多く存在します。例えば食事に行くときに、妻「何食べる？」夫「何でもいいよ」妻「じゃあ〇〇を食べに行こう」というようなやり取りのほうが好きな夫もたくさんいます。

夫から妻へ貢献援助する

1	
松山 ケンイチさん	1985・3・5生／★O（オレンジ） W－（ロジカル）
小雪さん	1976・12・18生／★B（ブルー） T＋（ストレート）
2	
賀来 賢人さん	1989・7・3生／★RO（レッドオレンジ） T＋（ストレート）
榮倉 奈々さん	1988・2・12生／★O（オレンジ） F－（ロマン）
3	
福山 雅治さん	1969・2・6生／★BG（ブルーグリーン） W＋（ダイナミック）
吹石 一恵さん	1982・9・28生／★I（インディゴ） T＋（ストレート）
4	
江口 洋介さん	1968・12・31生／★R（レッド） T－（ソフト）
森高 千里さん	1969・4・11生／★Y（イエロー） F＋（ピース）
5	
石井 一久さん	1973・9・9生／★M（マゼンタ） E＋（ヒューマン）
木佐 彩子さん	1971・5・26生／★RO（レッドオレンジ） M－（プライド）
6	
市村 正親さん	1949・1・28生／★BG（ブルーグリーン） E＋（ヒューマン）
篠原 涼子さん	1973・8・13生／★R（レッド） M－（プライド）

7	東出　昌大さん	1988・2・1生／★G（グリーン）　F＋（ピース）
	杏さん	1986・4・14生／★T（ターコイズ）　E＋（ヒューマン）
8	田中　将大さん	1988・11・1生／★I（インディゴ）　M＋（パワフル）
	里田　まいさん	1984・3・29生／★Y（イエロー）　W＋（ダイナミック）
9	渡辺　裕之さん	1955・12・9生／★B（ブルー）　T＋（ストレート）
	原　日出子さん	1959・11・10生／★M（マゼンタ）　F＋（ピース）
10	勝　新太郎さん	1931・11・29生／★T（ターコイズ）　E＋（ヒューマン）
	中村　玉緒さん	1939・7・12生／★B（ブルー）　M＋（パワフル）
11	宇崎　竜童さん	1946・2・23生／★Y（イエロー）　E＋（ヒューマン）
	阿木　燿子さん	1945・5・1生／★RO（レッドオレンジ）　M＋（パワフル）

妻から夫へ支配干渉する

1	池波　志乃さん	1955・3・12生／★O（オレンジ）　W＋（ダイナミック）
	中尾　彬さん	1942・8・11生／★M（マゼンタ）　F＋（ピース）

2	大沢　あかねさん	1985・8・16生／★T（ターコイズ）　F－（ロマン）
	劇団ひとりさん	1977・2・2生／★P（パープル）　M＋（パワフル）
3	山口　百恵さん	1959・1・17生／★T（ターコイズ）　E－（リアル）
	三浦　友和さん	1952・1・28生／★M（マゼンタ）　W－（ロジカル）
4	乙葉さん	1981・1・28生／★BG（ブルーグリーン）　F＋（ピース）
	藤井　隆さん	1972・3・10生／★R（レッド）　M＋（パワフル）
5	山口　智子さん	1964・10・20生／★M（マゼンタ）　W＋（ダイナミック）
	唐沢　寿明さん	1963・6・3生／★G（グリーン）　F－（ロマン）
6	矢沢　心さん	1981・3・16生／★T（ターコイズ）　W－（ロジカル）
	魔裟斗さん	1979・3・10生／★T（ターコイズ）　F＋（ピース）
7	南　明奈さん	1989・5・15生／★R（レッド）　T－（ソフト）
	濱口　優さん	1972・1・29生／★Y（イエロー）　E－（リアル）
8	工藤　静香さん	1970・4・14生／★RO（レッドオレンジ）　T＋（ストレート）
	木村　拓哉さん	1972・11・13生／★M（マゼンタ）　E＋（ヒューマン）

9	榊原　郁恵さん	1959・5・8生／★P（パープル）　M＋（パワフル）
	渡辺　徹さん	1961・5・12生／★RO（レッドオレンジ）　T－（ソフト）
10	岡江　久美子さん	1956・8・23生／★Y（イエロー）　F＋（ピース）
	大和田　獏さん	1950・10・13生／★R（レッド）　M－（プライド）
11	うつみ　宮土理さん	1943・10・1生／★G（グリーン）　W＋（ダイナミック）
	愛川　欽也さん	1934・6・25生／★M（マゼンタ）　F－（ロマン）
12	西川　ヘレンさん	1946・10・6生／★Y（イエロー）　W－（ロジカル）
	西川　きよしさん	1946・7・2生／★G（グリーン）　F－（ロマン）
13	小室　眞子さん	1991・10・23生／★RO（レッドオレンジ）　T＋（ストレート）
	小室　圭さん	1991・10・5生／★M（マゼンタ）　E＋（ヒューマン）

ここでは大沢あかねさんと劇団ひとりさんの相性を取り上げてみましょう。

2人は2010年に結婚、大沢さんの言葉です。「第1子を妊娠中、つわりがすごくつらかった。こんなに大変なのに『ちょっと飲みにいってくるわ』とか急に言うの」妊娠中の妻の体調に気遣うことなく飲みに行く夫に激怒して、「もう帰ってくんな！」みたいなケンカがあったようです。

劇団ひとりさんの誕生日に、何が欲しいと聞かれたひとりさんが「ケンカをした時に仲直りできるチケットが欲しい」と答えたというエピソードが紹介されていました。いかにも「支配干渉」されるのが好きな夫らしい要望だと思います。

この時大沢さんが作って渡したチケットを、いざ2人がケンカをした時に使おうとすると「ふざけんなよ！」と一蹴されたようですが。

2022年11月に亡くなった渡辺徹さんと榊原郁恵さんのカップルについても少しふれてみましょう。2020年に『婦人公論』で小川菜摘さんと対談した時の話です。

「コロナで時間を持て余すので、86歳の義父も入れて長男、次男、女房と俺でトランプをするのよ」「身内で遠慮がないから、壮絶な戦いになる。負けた妻は本気で怒る」

「うちなんて衝突はしょっちゅう。結婚したての頃は、郁恵は体のデカい俺に負けちゃあいけないと思うから5メートル先から走ってきて飛びかかってくる（笑）」と思い出を語っていました。

このように相性は良し悪しではなく、関係性を理解して、そのように付き合っていけばいいのです。

そう言えば小室眞子さんと小室圭さんとの相性もこの「支配干渉」でした。それらしいキッパリとした結婚報告記者会見だったように思い出しました。

芸能界に見る相性の相関図

芸能界での活躍から、相性分析を取り上げてみます。1つ目はSMAPの相性です。1988年に結成され、1991年にCDデビュー、その後2016年末に解散するまでの28年もの間、絶大な人気を誇りました。上図がメンバーの相性相関図です。

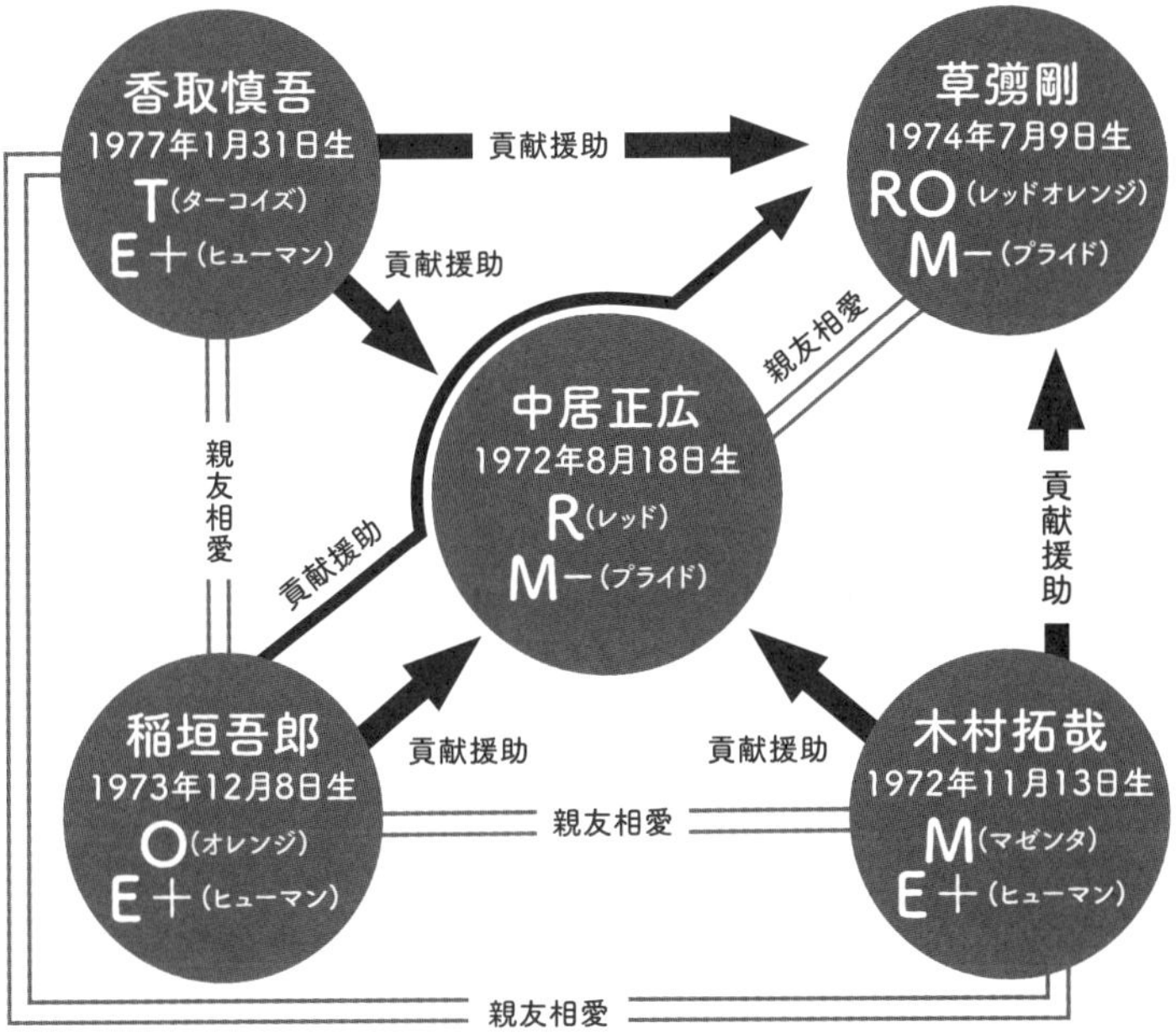

見事な相関図です。親友相愛と貢献援助しかありません。解散は残念なことですが、それでもこれほど長い間仲良くグループを維持できたのはこの相性のおかげだと思います。

2つ目は歌謡界で3人組（トリオ）で呼ばれる歌手の相性についてです。

女性歌手で有名な3人組は、「中3トリオ」をはじめに高校卒業まで学年を冠したトリオで呼ばれた山口百恵、桜田淳子、森昌子です。

この3人の相性は

の関係になっています。

さらには野口五郎、郷ひろみ、西城秀樹は「新御三家」と呼ばれていました。

相性は

野口五郎
1956年2月23日生
★I（インディゴ）M＋（パワフル）

↓ 貢献援助する

郷ひろみ
1955年10月18日生
★BG（ブルーグリーン）W＋（ダイナミック）

↓ 貢献援助する

西城秀樹
1955年4月13日生
★B（ブルー）T＋（ストレート）

戦後の日本の歌謡界を盛り上げた美空ひばり、雪村いづみ、江利チエミの「三人娘」も次のような相性になっています。

美空ひばり
1937年5月29日生
★**Y**（イエロー）**F＋**（ピース）

↔ **親友相愛**

雪村いづみ
1937年3月20日生
★**BG**（ブルーグリーン）**F＋**（ピース）

← **貢献援助する**

江利チエミ
1937年1月11日生
★**G**（グリーン）**E＋**（ヒューマン）

特に名称はありませんが、ほぼ同時代のアイドル小泉今日子、松田聖子、中森明菜の3人の相性もまた、次のようになっています。

小泉今日子　1966年2月4日生　★R（レッド）T＋（ストレート）

↓ 貢献援助する

松田聖子　1962年3月10日生　★Y（イエロー）F－（ロマン）

↓ 貢献援助する

中森明菜　1965年7月13日生　★Y（イエロー）E＋（ヒューマン）

このような相性の組み合わせが必然とも思える状況設定の中で出現するのは大変興味深いことだと思います。

次に2人の個性が嚙み合って活躍されている事例です。

明石家さんま
1955年7月1日生
★**BG**（ブルーグリーン）**W―**（ロジカル）

← 支配干渉する

ビートたけし
1947年1月18日生
★**O**（オレンジ）**F―**（ロマン）

明石家さんま
1955年7月1日生
★**BG**（ブルーグリーン）**W―**（ロジカル）

↔ 親友相愛

タモリ
1945年8月22日生
★**BG**（ブルーグリーン）**W―**（ロジカル）

『笑っていいとも！』で2人が延々と雑談するだけのコーナーは有名になりました。さんまさんのデビューはピッチャー小林繁の形態模写ですが、それをテレビで見たタモリさんがイグアナの形態模写をやり始めたそうです。当時タモリさんは博多のボウリング場の支配人をしていたそうです。

タモリ
1945年8月22日生　★BG（ブルーグリーン）W－（ロジカル）

↓ **支配干渉する**

ビートたけし
1947年1月18日生　★O（オレンジ）F－（ロマン）

夏井いつき
1957年5月13日生　★P（パープル）T－（ソフト）

↓ **支配干渉する**

梅沢富美男
1950年11月9日生　★M（マゼンタ）E＋（ヒューマン）

テレビ番組『プレバト!!』の俳句ランキングで夏井さんからこっぴどくしかられる梅沢さんがいます。

呂布カルマ

1983年1月7日生　★YG（イエローグリーン）T－（ソフト）

↔ 親友相愛

夏井いつき

1957年5月13日生　★P（パープル）T－（ソフト）

妙に気が合っています。

上岡龍太郎

1942年3月20日生　★O（オレンジ）W＋（ダイナミック）

→ 支配干渉する

笑福亭鶴瓶

1951年12月23日生　★O（オレンジ）F－（ロマン）

伝説のテレビ番組『鶴瓶上岡パペポTV』の打ち合わせ無しの60分間トークはアドリブ連発で面白かったですね。

三宅健
1979年7月2日生
★RO（レッドオレンジ）M＋（パワフル）

↔ ライバル対等

滝沢秀明
1982年3月29日生
★RO（レッドオレンジ）M−（プライド）

ケンタッキーで有名になりました。

志村けん
1950年2月20日生
★G（グリーン）F＋（ロマン）

← 支配干渉する

いかりや長介
1931年11月1日生
★I（インディゴ）M＋（パワフル）

長介さんをからかう志村さんを思い出します。

加藤茶
1943年3月1日生
★BG（ブルーグリーン）E＋（ヒューマン）

貢献援助する

いかりや長介
1931年11月1日生
★I（インディゴ）M＋（パワフル）

長介さんに必死で仕える加藤さんでしょう。

志村けん
1950年2月20日生
★G（グリーン）F＋（ロマン）

貢献援助する

加藤茶
1943年3月1日生
★BG（ブルーグリーン）E＋（ヒューマン）

ジャイアント馬場
1938年1月23日生
★I（インディゴ）T－（ソフト）

→ 支配干渉する →

アントニオ猪木
1943年2月20日生
★O（オレンジ）E－（リアル）

ジャイアント馬場
1938年1月23日生
★I（インディゴ）T－（ソフト）

→ 貢献援助する →

力道山
1924年11月14日生
★O（オレンジ）F－（ロマン）

力道山
1924年11月14日生
★O（オレンジ）F－（ロマン）

→ 貢献援助する →

アントニオ猪木
1943年2月20日生
★O（オレンジ）E－（リアル）

松本人志

1963年9月8日生

★I（インディゴ）T＋（ストレート）

↔ 親友相愛

浜田雅功

1963年5月11日生

★I（インディゴ）T＋（ストレート）

仲の良いコンビですね。

貴乃花光司

1972年8月12日生

★R（レッド）T－（ソフト）

↔ 親友相愛

若乃花（花田虎上）

1971年1月20日生

★RO（レッドオレンジ）T－（ソフト）

↔ 親友相愛

二人の父・貴ノ花

1950年2月19日生

★P（パープル）T－（ソフト）

この3人は親友相愛の相性で当時の二子山部屋の隆盛の理由がわかります。

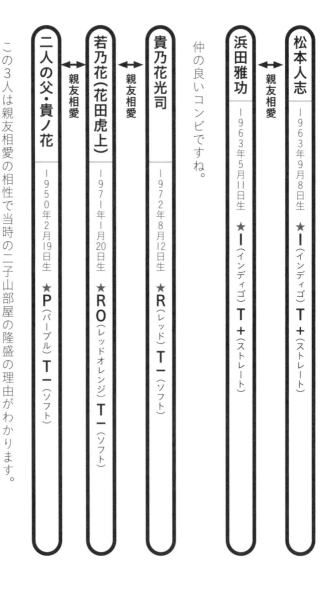

井上尚弥（兄）
1993年4月10日生
★I（インディゴ）M－（プライド）

↔ 親友相愛

井上拓真（弟）
1995年12月26日生
★P（パープル）M－（プライド）

↔ 親友相愛

井上真吾（父）
1971年8月24日生
★R（レッド）M－（プライド）

モンスターの弟も父も親友相愛の相性で、素晴らしいチームになっています。

それぞれの言動や、テレビでの懐かしいシーンを思い出していただくと、納得される相性ではないでしょうか。

政治家・経営者・歴史上の人物の相性分析

ＳＴＥＰ6の戦後復興で松下幸之助と中内㓛の30年戦争について述べましたが、この2人の相性はどうだったのでしょか。

松下幸之助
1894年11月27日生
★**M**（マゼンタ）**W－**（ロジカル）

↔ **ライバル対等**

中内㓛
1922年8月2日生
★**M**（マゼンタ）**W＋**（ダイナミック）

2人ともプラチナタイプのマゼンタの個性で、合理性を重んじ夢と現実のはざまに生きる似た者同士なのですが、ピーチコアに違いがあります。

松下のピーチコアはW（ウォーター）のマイナスで「ロジカル」と表現します。「ロジカル」の人はもの静かで品格があり人を育てる能力に長けています。どんな環境にも適応する能力を持ち実用的才能に恵まれています。

一方の中内のピーチコアはW（ウォーター）のプラスで「ダイナミック」と表現します。

「ダイナミック」の人は自由奔放で度胸よく行動し、常識にとらわれることなく大胆に動きます。

この2人を、ピーチコアから分析すると、Wマイナス（ロジカル）とWプラス（ダイナミック）の相性でライバル対等となります。

お互い似ているようで正反対の要素を持っているので、じっくりと向き合うか適度な距離感を持って付き合うのかのどちらかになります。

一歩間違うとトラブルになってしまうこともある相性なのです。

また、同じくSTEP6で取り上げた堤康次郎（西武グループの創業者）と五島慶太（東急電鉄の創業者）は犬猿の仲と言われましたが、その相性も

堤康次郎
1889年3月7日生
★T（ターコイズ）W＋（ダイナミック）

支配干渉する

五島慶太
1882年4月18日生
★T（ターコイズ）F－（ロマン）

という関係です。

また堤康次郎と晩年に仲が良かった政治家・池田勇人との関係は

堤康次郎
1889年3月7日生
★T（ターコイズ）W＋（ダイナミック）

貢献援助する

池田勇人
1899年12月3日生
★RO（レッドオレンジ）T－（ソフト）

です。

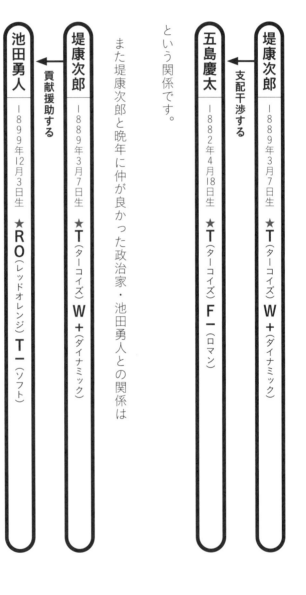

仲の悪かった政治家・河野一郎との相性は

堤康次郎 1889年3月7日生 ★T(ターコイズ) W +(ダイナミック)

↓ 支配干渉する

河野一郎 1898年6月2日生 ★M(マゼンタ) F +(ピース)

となっています。

STEP3の「12カラー分析」パーフェクトインディゴで取り上げた、ソフトバンクグループの孫正義さんとSBIホールディングスの北尾吉孝さんの相性を考えてみましょう。

1986年に設立されたソフトバンクに北尾さんがスカウトされたのは1995年のことです。当時野村證券にいた北尾さんは44歳、孫さんは38歳でした。

ソフトバンクの常務に就任した後、1999年にソフトバンクの子会社としてソフトバンク・インベストメントを設立して北尾さんが社長に就任します。２００１年にネットバブルが弾けた後ソフトバンクも赤字が続き、時価総額が20兆円から２０００億円にまで落ちたそうです。

その頃の北尾さんの述懐です。

「役員会などでいつも率直にものを言うので、孫さんはムカッとくることがしょっちゅうあったと思います」

孫さんが後に振り返って「あれだけ役員会の満座の中でけちょんけちょんに言われると、俺もムッとくることはあるよ」と語っています。

このような流れの中で孫さんが不意に口走ったのが「大蔵大臣が総理大臣より上になっちゃったらおかしくなるよね」。

常務である北尾さんが社長の孫さんよりも上に立ってビジネスを仕切っているという孫さんの危惧から出た言葉ですが、孫さんから離れる時期だと悟った北尾さんはＳＢＩインベストメントとしてソフトバンクから独立します。

この2人の相性は

北尾吉孝 1951年1月21日生 ★I（インディゴ）M－（プライド）

→ **支配干渉する**

孫正義 1957年8月11日生 ★I（インディゴ）T－（ソフト）

です。2人ともスノウカラーがインディゴで、共通した価値観を持っていますが、ピーチコアは孫さんがTマイナス（ソフト）でしなやかな芯の強さを持つ人であり、一方の北尾さんはMマイナス（プライド）で自尊心が高く、潔癖で責任感の強い人です。

その後紆余曲折《うよきょくせつ》を経てソフトバンクグループから独立したSBIホールディングスは2024年3月期売上高1・2兆円の大企業に育ちました。

またソフトバンクも2024年3月期の売上高が6兆円の巨大企業になったのです。

日米の首脳の関係もみてみましょう。

小泉純一郎 ←→（親友相愛）→ **ジョージ・ブッシュ（第43代）**

小泉純一郎
1942年1月8日生
★I（インディゴ）M−（プライド）

ジョージ・ブッシュ（第43代）
1946年7月6日生
★R（レッド）M−（プライド）

ドナルド・トランプ →（貢献援助する）→ **安倍晋三**

ドナルド・トランプ
1946年6月14日生
★Y（イエロー）E−（リアル）

安倍晋三
1954年9月21日生
★YG（イエローグリーン）M＋（パワフル）

岸田文雄 →（支配干渉する）→ **ジョー・バイデン**

岸田文雄
1957年7月29日生
★M（マゼンタ）W＋（ダイナミック）

ジョー・バイデン
1942年11月20日生
★G（グリーン）F−（ロマン）

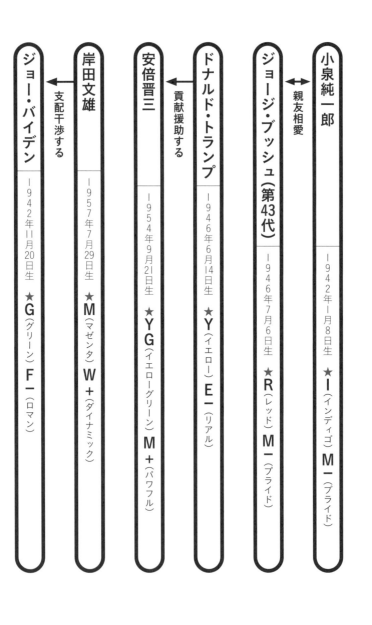

歴史上の人物の相性もいくつか検証しておきましょう。

幕末に活躍した坂本龍馬と勝海舟の相性です。龍馬が倒幕派で海舟は幕臣ですから、そもそも対立した関係にあります。

1862年末に、当時幕府軍艦奉行並の海舟の屋敷を龍馬が訪れたことから2人の交流が始まるのですが、場合によっては海舟を刺し殺す覚悟だったとも言われています。

ところが会ってみると海舟の主張にすっかり敬服して、龍馬はその場で弟子になることを申し出ます。そして、1864年に海舟が設立した神戸海軍操練所の海軍塾塾頭に就任しますが、これが龍馬の活躍の糸口になっていくのです。

坂本龍馬
1836年1月3日生
★R（レッド）M+（パワフル）

↔ 親友相愛

勝海舟
1823年3月12日生
★R（レッド）M+（パワフル）

坂本龍馬はスノウカラーがレッド、ピーチコアはMプラス（パワフル）です。勝海舟もスノウカラーがレッドで、ピーチコアMプラスの個性で、これは60人に1人の確率です。

Mプラスというのはメタル（金）のプラスという意味で「パワフル」と表現します。正直できっちりとしていて、打たれ強く勇敢、正義感の強い人です。プレッシャーもエネルギーに変えて活力ある動きができます。

従って相性も親友相愛となり、2人が初めて会った日に意気投合した理由が納得できます。

STEP6のゴールドタイプが主導した大東亜共栄圏構想で取りあげた石原莞爾《かんじ》（1889年1月18日生）と東條英機（1884年7月30日生）の相性についても見てみましょう。

この2人もレッドのスノウカラーの持ち主で、拡大志向の要素を持った似た者同士なのですが、ピーチコアを見ると石原はT（ツリー）のプラスで「ストレート」です。物事をまっ直ぐにとらえて納得のいくペースとやり方で着実に目標に向かって進む人です。

一方東條はM（メタル）のマイナスで「プライド」というピーチコアを持っています。純粋で潔癖、責任感の強い人です。

ピーチコアから見る2人の相性に簡単に触れてみます。東条が石原に対して「支配干渉」するという関係です。

二人はスノウカラーがレッドで似た物同士ではありますが、相性としては部下の石原にとっての東条は、支配干渉されるという、いわばうるさくて面倒な上司だったのです。

レッドの個性は敵と味方をはっきり分けるという特徴があるので、2人の関係は修復不可能なまでに悪化していったのでしょう。

東条英機
1884年7月30日生
★R（レッド）M－（プライド）

↓ 支配干渉する

石原莞爾
1889年1月18日生
★R（レッド）T＋（ストレート）

他にもいくつかご紹介しておきましょう。

楢《なら》崎《さき》龍《りょう》
1841年7月23日生
★T（ターコイズ）E＋（ヒューマン）

↓ 貢献援助する

坂本龍馬
1836年1月3日生
★R（レッド）M＋（パワフル）

楢崎龍は一般に「お龍《りょう》さん」と呼ばれる龍馬の奥さんです。日本で初めて新婚旅行をしたことで有名なカップルですが、お龍さんが龍馬に貢献援助する相性になっています。龍馬が襲撃された寺田屋騒動で、入浴中に裸で飛び出し危機を知らせたことで龍馬は九死に一生を得ることができました。

大久保利通
1830年9月26日生
★YG（イエローグリーン）T－（ソフト）

↓ 支配干渉する

西郷隆盛
1828年1月23日生
★O（オレンジ）E＋（ヒューマン）

明治維新の最大の立役者西郷も最後は西南戦争で大久保に敗北する。

豊臣秀吉
1537年3月17日生
★Y（イエロー）F＋（ピース）

貢献援助する →

織田信長
1534年6月23日生
★O（オレンジ）E＋（ヒューマン）

秀吉は「はげねずみ」と呼ばれても徹底して信長に仕えた。

織田信長
1534年6月23日生
★O（オレンジ）E＋（ヒューマン）

支配干渉する →

徳川家康
1543年1月31日生
★M（マゼンタ）W＋（ダイナミック）

信長に頭を抑えられた家康。

徳川家康
1543年1月31日生
★M（マゼンタ）W＋（ダイナミック）

支配干渉する →

豊臣秀吉
1537年3月17日生
★Y（イエロー）F＋（ピース）

我慢して秀吉に仕えた家康も、最後は豊臣家を滅ぼす。

武田信玄
1521年12月1日生
★RO（レッドオレンジ）M−（プライド）

貢献援助する →

上杉謙信
1530年2月18日生
★BG（ブルーグリーン）W＋（ダイナミック）

西郷隆盛
1828年1月23日生
★**O**（オレンジ）**E**＋（ヒューマン）

↓ **貢献援助する**

勝海舟
1823年3月12日生
★**R**（レッド）**M**＋（パワフル）

2人は江戸城無血開城の立役者です。

吉田松陰
1830年9月20日生
★**G**（グリーン）**E**ー（リアル）

↓ **支配干渉する**

高杉晋作
1839年9月27日生
★**G**（グリーン）**W**ー（ロジカル）

高杉は久坂玄瑞とともに松陰の一番弟子として有名です。

新島襄

1843年2月12日生

★BG（ブルーグリーン）F－（ロマン）

支配干渉する →

新島八重

1845年12月1日生

★I（インディゴ）M＋（パワフル）

吉田松陰

1830年9月20日生

★G（グリーン）E－（リアル）

支配干渉する →

伊藤博文

1841年10月16日生

★Y（イエロー）W－（ロジカル）

高杉晋作
1839年9月27日生
★G（グリーン）
W－（ロジカル）

↔ **親友相愛**

伊藤博文
1841年10月16日生
★Y（イエロー）
W－（ロジカル）

毛沢東
1893年12月26日生
★O（オレンジ）
F－（ロマン）

← **貢献援助する**

江沢民
1926年8月17日生
★O（オレンジ）
E＋（ヒューマン）

鄧小平
1904年8月22日生
★T（ターコイズ）
E＋（ヒューマン）

↔ **親友相愛**

江沢民
1926年8月17日生
★O（オレンジ）
E＋（ヒューマン）

毛沢東
1893年12月26日生
★O（オレンジ）F－（ロマン）

貢献援助する

鄧小平
1904年8月22日生
★T（ターコイズ）E＋（ヒューマン）

毛沢東
1893年12月26日生
★O（オレンジ）F－（ロマン）

支配干渉する

江青《こうせい》
1914年3月5日生
★P（パープル）M＋（パワフル）

習近平
1953年6月15日生
★O（オレンジ）F－（ロマン）

貢献援助する →

鄧小平
1904年8月22日生
★T（ターコイズ）E＋（ヒューマン）

李克強《りこっきょう》
1955年7月3日生
★B（ブルー）T－（ソフト）

貢献援助する →

習近平
1953年6月15日生
★O（オレンジ）F－（ロマン）

首相の李克強は徹底して習近平をサポートした。

金正恩
1984年1月8日生
★**YG**（イエローグリーン）**M−**（プライド）

↔ **親友相愛**

金日成
1912年4月15日生
★**I**（インディゴ）**M−**（プライド）

尊敬する祖父の髪型を真似る正恩。

金正恩
1984年1月8日生
★**YG**（イエローグリーン）**M−**（プライド）

↔ **ライバル対等**

金正日
1942年2月16日生
★**R**（レッド）**M＋**（パワフル）

2人は仲が悪く正恩が正日を殺したという噂も流れた。

STEP

8

データで
読み解く
ピーチスノウ

ホームランバッターをピーチスノウで分析する

2023年のプロ野球シーズン終了時点で、通算100本以上のホームランを打った日本人選手は244名います（引退した選手も含む）。この人たちの合計ホームラン数は5万1356本になりますが、オレンジとレッドのスノウカラーを持つ選手のホームラン数は合計1万3887本で全体の27％を占めています。

レッドの個性は「エネルギッシュで全力投球」「大物感を好む」「爆発力がある」などのホームランバッターらしいメンタリティーの持ち主なのです。

またオレンジの個性は「すぐに結果を求める」「楽観的で失敗を恐れない」「目立つことが好き」など、レッドと同じようにホームランバッターに向いています。

もちろんホームランバッターには、そのための運動能力や肉体的なパワーなどが必要になりますが、それに加えてホームランを打ちたいという気持ちの強さが大切です。

「ホームランを打ちたい」という心が結果を生む原動力ですから、ここに個性（ホームラ

プロ野球選手
通算100本以上のホームランバッター244名

スノウカラー	スノウカラー別	スノウカラー別	本塁打
	人数	本塁打数	占有率(b)
P	21人	4133本	8.0%
T	18人	4162本	8.1%
YG	17人	3302本	6.4%
O	26人	6911本	13.4%
RO	12人	2789本	5.4%
Y	23人	4495本	8.8%
I	15人	3210本	6.3%
BG	24人	4547本	8.9%
B	10人	1986本	3.9%
M	25人	4690本	9.1%
R	29人	6976本	13.6%
G	24人	4155本	8.1%
合計	244人	51356本	100.0%

有名ホームランバッターのスノウカラー

	選手名	最終所属	本塁打	生年月日	スノウカラー
1	松井　秀喜	日米通算	507	1974/6/12	P
2	山本　浩二	広島	536	1946/10/25	O
3	衣笠　祥雄	広島	504	1947/1/18	O
4	長嶋　茂雄	巨人	444	1936/2/20	O
5	王　貞治	巨人	868	1940/5/20	BG
6	野村　克也	西武	657	1935/6/29	T
7	門田　博光	福岡ダイエー	567	1948/2/26	R
8	落合　博満	日本ハム	510	1953/12/9	R
9	中村　剛也	西武	471	1983/8/15	R
10	大谷　翔平	日米通算	219	1994/7/5	G

※本塁打数は2023年シーズン終了時点
※最終所属：現役は現在の所属、引退選手は最終所属、または日米通算

★ピーチスノウの記号早見表
スノウカラー
P＝パープル（紫）
T＝ターコイズ（緑青）
YG＝イエローグリーン（黄緑）
O＝オレンジ（橙）
RO＝レッドオレンジ（赤橙）
Y＝イエロー（黄）
I＝インディゴ（青紫）
BG＝ブルーグリーン（青緑）
B＝ブルー（青）
M＝マゼンタ（赤紫）
R＝レッド（赤）
G＝グリーン（緑）

ンバッターに向いた精神的傾向）が影響を与えているのだと思います。

反対に、最もホームラン数が少ないのがブルーのスノウカラーの選手たちです。合計で１９８６本、全体の３・９％しかありません。

ブルーの個性は「目立たないで存在感を発揮する」「出しゃばらない」「粘り強く謙虚」などホームランバッターのメンタリティーとは違う個性の持ち主なのです。

これほどはっきりと推測統計学的な結果が出たことは大変興味深いことです。

有名司会者のスノウカラーを分析する

テレビ放送が始まって以来、数多くの司会者が誕生しました。

ここでは司会者名鑑から有名司会者１３５名を無作為にリストアップし、誕生日からスノウカラーを調べてみました。

オレンジのスノウカラーを持つ人が多いですね。上岡龍太郎さん、せんだみつおさん、土居まさるさん、板東英二さん、ビートたけしさん、古舘伊知郎さん、前田武彦さん、松

有名司会者135人のスノウカラーサークル

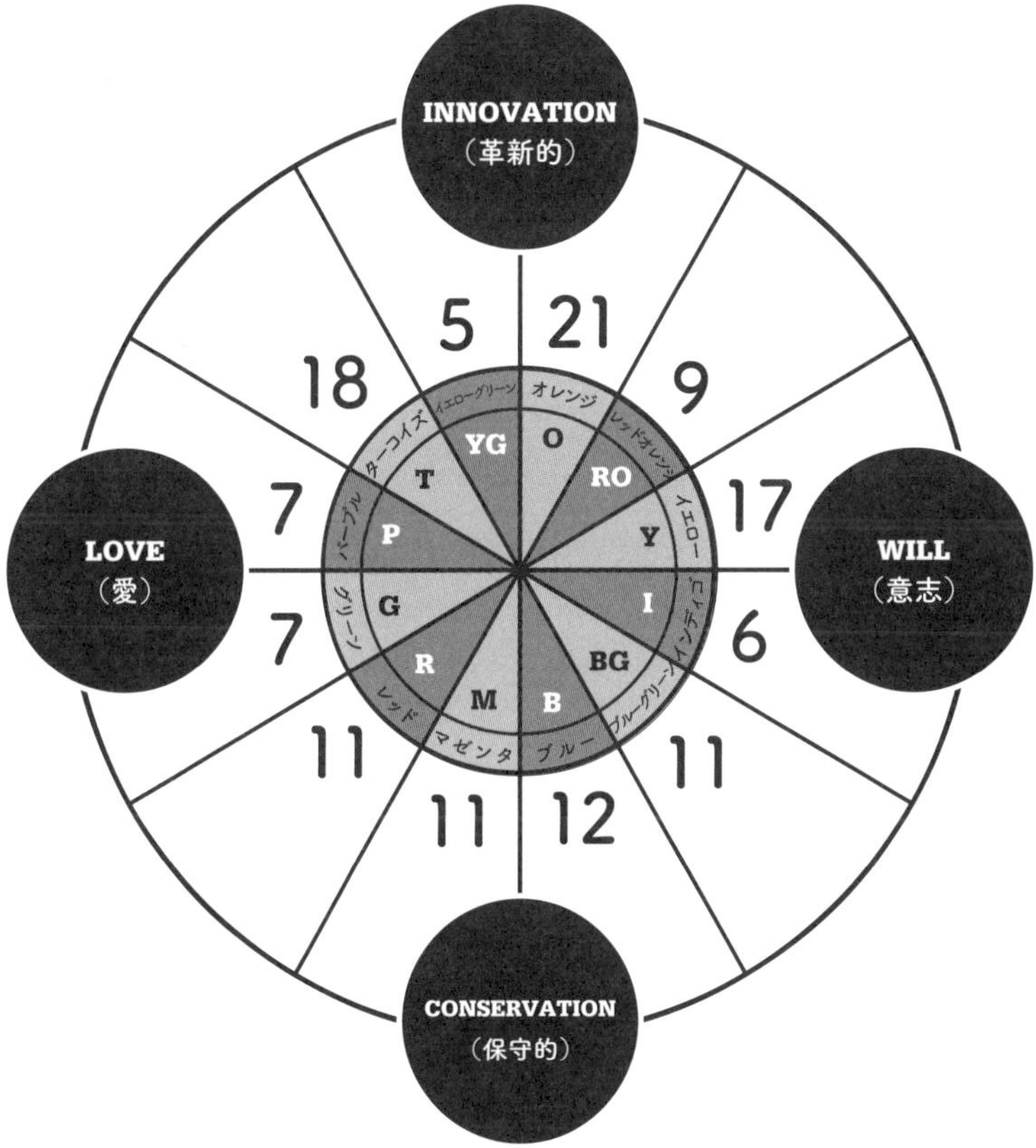

本明子さん、三波伸介さん、山田邦子さん、有吉弘行さん、伊達みきおさん、バカリズムさん、笑福亭鶴瓶さんなどなど、明るく楽しい、あっけらかんとした個性の持ち主がそろっています。

オレンジの人はフランクな雰囲気を好み、人が好きで、また目立つことも大好きな個性ですから、楽しく面白い司会者には最適なのだと思います。

ブルーグリーンとブルーのスノウカラーの人たちにも注目してみました。

ブルーグリーンのスノウカラーを持つ司会者には明石家さんまさん、タモリさん、みのもんたさん、小堺一機さんなどの安定感のある司会者がいます。ブルーグリーンは絶妙のバランス感覚を持ち、常に全体に気を配ってそれぞれの出演者を引き立てるような能力を持っています。

また、ブルーのスノウカラーを持っている司会者には恵俊彰さん、安住紳一郎さん、上沼恵美子さん、加藤浩次さん、小倉智昭さんなど、ワイドショーの司会者が勢ぞろいしています。日常会話に強みを発揮するコミュニケーションブルーらしさがあらわれています。

有名小説家のスノウカラーを分析する

小説家名鑑から無作為に日本の明治以降の有名な小説家、186名をリストアップして調べました。

机の前でペンかパソコンを使い「じっと動かず文章を書いている人」というのが小説家のイメージではないでしょうか。

そういうことに向いている特別な才能や個性があるのではないか、また逆に、小説家に向いていないという人に、色エネルギー的な傾向があるのではないか、という予測のもとで明治時代から現代までの有名作家の誕生日とスノウカラーを図にしてみました。

分かったことは、レッドオレンジというスノウカラーを持つ作家がわずか3名と極端に少ないことです。レッドオレンジの個性は、行動的で何よりもスピード感を好むためだと考えられます。

小説家186名のスノウカラーサークル

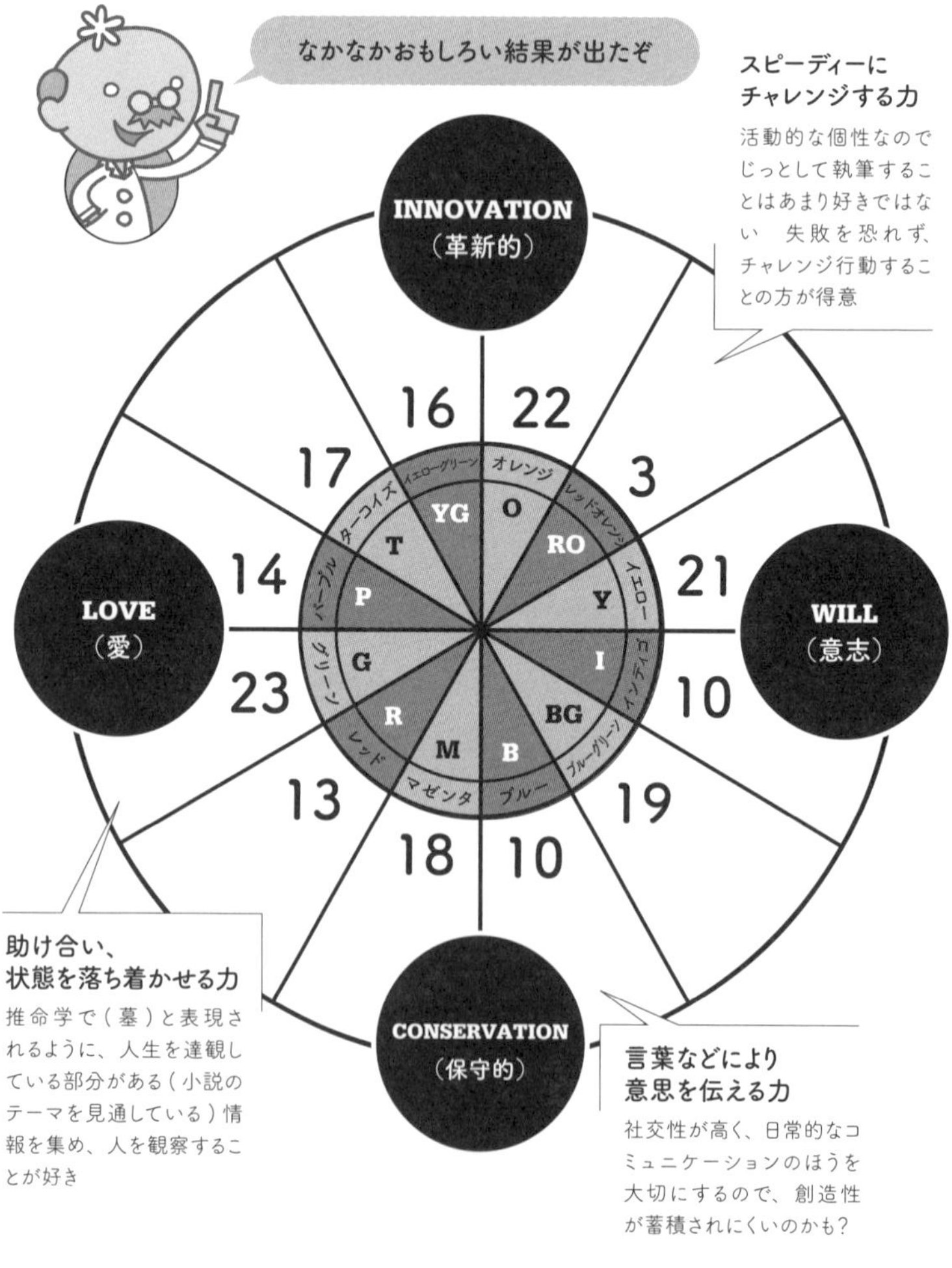

なかなかおもしろい結果が出たぞ
スピーディーに
チャレンジする力
活動的な個性なので
じっとして執筆するこ
とはあまり好きではな
い　失敗を恐れず、
チャレンジ行動するこ
との方が得意
INNOVATION
（革新的）
WILL
（意志）
CONSERVATION
（保守的）
LOVE
（愛）
16
22
3
21
10
19
10
18
13
23
14
17
YG イエローグリーン
O オレンジ
RO レッドオレンジ
Y イエロー
I インディゴ
BG ブルーグリーン
B ブルー
M マゼンタ
R レッド
G グリーン
P パープル
T ターコイズ
助け合い、
状態を落ち着かせる力
推命学で（墓）と表現さ
れるように、人生を達観し
ている部分がある（小説の
テーマを見通している）情
報を集め、人を観察するこ
とが好き
言葉などにより
意思を伝える力
社交性が高く、日常的なコ
ミュニケーションのほうを
大切にするので、創造性
が蓄積されにくいのかも？

じっと我慢するのは苦手で、地味な作業や目立たないことはあまり好まないのです。そのため、1日中机に向かう小説家には向いていないのかもしれません。

SNSで調べると「押さえておきたい作家一覧」という情報がありました。近代日本文学の文豪41名のリストです。これもスノウカラーサークルにあてはめてみると275ページの図のようになります。

やはりレッドオレンジのスノウカラーの人はいなかったのです。動くことが得意な人が、じっとしている仕事を選ばないという興味深い結果となっています。

近代日本文学の文豪41名

	氏名	生年月日	スノウカラー
1	安部　公房	1924/3/7	P
2	谷崎　潤一郎	1886/7/24	P
3	野間　宏	1915/2/23	P
4	小島　信夫	1915/2/28	P
5	遠藤　周作	1923/3/27	T
6	二葉亭四迷	1864/4/4	T
7	徳永　直	1899/1/20	T
8	尾崎　紅葉	1868/1/10	YG
9	志賀　直哉	1883/2/20	YG
10	幸田　露伴	1867/8/22	YG
11	織田　作之助	1913/10/26	YG
12	井伏　鱒二	1898/2/15	O
13	国木田　独歩	1871/8/30	O
14	坂口　安吾	1906/10/20	O
15	樋口　一葉	1872/5/2	O
16	梶井　基次郎	1901/2/17	O
17	大江　健三郎	1935/1/31	Y
18	川端　康成	1899/6/14	Y
19	田山　花袋	1872/1/22	Y
20	徳冨　蘆花	1868/12/8	Y
21	葉山　嘉樹	1894/3/12	Y
22	埴谷　雄高	1909/12/19	Y
23	泉　鏡花	1873/11/4	I
24	開高　健	1930/12/30	I
25	永井　荷風	1879/12/3	I
26	夏目　漱石	1867/2/9	I
27	高橋　和巳	1931/8/31	BG
28	宮沢　賢治	1896/8/27	BG
29	安岡　章太郎	1920/4/18	BG
30	島崎　藤村	1872/3/25	B
31	太宰　治	1909/6/19	B
32	菊地　寛	1888/12/26	B
33	佐藤　春夫	1892/4/9	B
34	中島　敦	1909/5/5	B
35	古井　由吉	1937/11/19	B
36	森　鷗外	1862/2/17	M
37	武者小路　実篤	1885/5/12	M
38	高見　順	1907/1/30	M
39	芥川　龍之介	1892/3/1	G
40	三島　由紀夫	1925/1/14	G
41	中　勘助	1885/5/22	G

近代日本文学の文豪41名のスノウカラーサークル

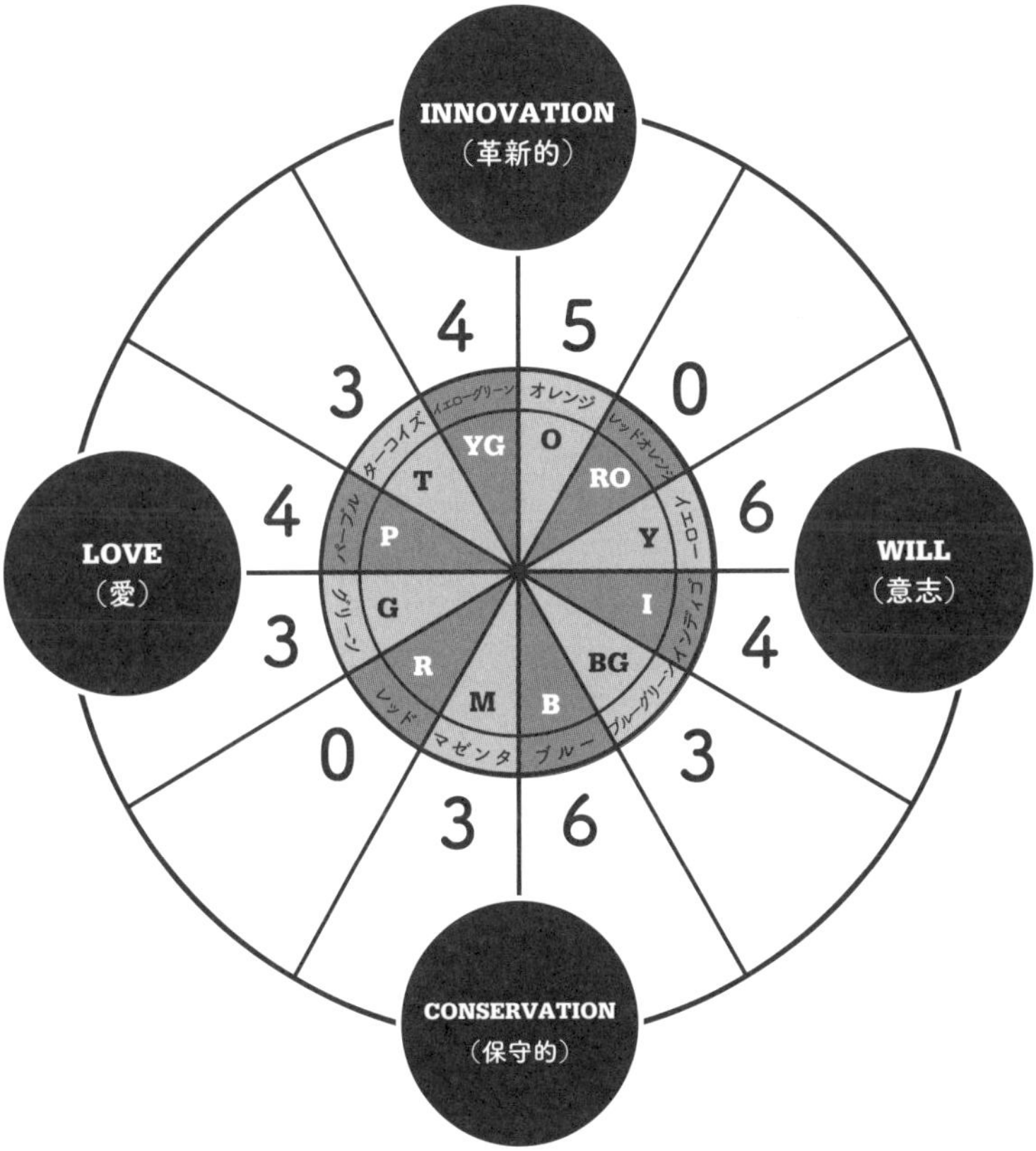

おわりに

「自力本願」「他力本願」という言葉があります。仏教の用語で、他力本願とは阿弥陀如来がすべての人を救うと誓いを立てたことを言います。仏による救い（悟り）です。

自力本願は、他力本願に対して生まれた言葉のようで、自分で修行して悟りを得るという意味です。

私は自力本願を、意識の力によって現状を切り拓き、思い通りの未来を築く力のことだと解釈しています。意識の奥にある潜在意識にも働きかけることで、自らの能力や可能性を高めることができます。

そして、他力本願という力は、潜在意識のさらに奥にある、ユングの言う集合的無意識、そしてもっと奥に潜む超意識とも言うべきゼロ・ポイント・フィールドにアクセスして、運命を引き寄せていくことだと理解しています。

おわりに

「主人公」という言葉も仏教（禅）から来ていて、自分らしく生きている自分（＝本来の自分）のことを「主人公」と呼びます。

STEP1の「幸せとはなにか」で、「人はなんにでもなれる」ではなく、「人はなるべき人になる」のだと記しました。生まれたときに与えられた個性によって生きることは、自ずからの私で生きることです。幸福も願望もすべて、そこからスタートします。

さて、自己啓発などではセルフイメージを大切にします。セルフイメージとは自分が自分のことをどう思っているかについてのイメージであり、「自分はこのくらいの人間」と思い描く能力でもあります。従って幸せな人生を日々生きていくためには、高いセルフイメージを持続させる必要があります。

ところがそのイメージは、子どもの頃から現在まであなたが経験した成功や挫折などの記憶に大きな影響を受けます。そして、あなたを取り巻く人々が、あなたに向けて発したメッセージも関与しています。

今回ピーチスノウを学んで、人の個性や才能を決めるのは天命というべき誕生日によるものだと理解されたことでしょう。それが、あなたのセルフイメージの中核となるべきものです。正確に言えば、「なりたい自分」になれるのではなく、「なるべき自分」になれる、だったのです。つまりは「主人公」です。

誕生日と個性・才能との関係についてはできるだけ事例を挙げることで、実証的に解明するように努力しました。それでも、「眉唾《まゆつば》だ」「非科学的だ」というご意見もあるでしょう。しかし、かつては太陽が地球の周りを回っているという天動説も科学でした。「気」や「魂」も、もはや「神秘」の分野にとどまってはいません。科学、非科学という分類は、いまでは大きな意味を持ち得なくなっています。それが人間の進化の一つの側面であろうと思います。

不思議の扉の前に立ったら、ドアを開ける勇気を持つことです。「分かる」の前には、「親しむ」ことや「知ろうとする」ことがあります。

ピーチスノウを学ぶ過程で、宇宙の歴史、生命の歴史を振り返りました。人は自分を深く見つめるとき、「生かされている」ことに気づきます。とりわけ古代から森羅万象を神として、自然とともに生きるという世界観を有する日本では、自然への高い感受性が健在で、自分が生きているということが、宇宙や大生命とのシンクロによるということを感覚的にとらえることができます。

あなたをかけがえのないものとして生んだ、天からのメッセージを心や魂で受け取っていただきたいと思います。

「想い願うことはやがて実現する」これは私が若い頃から大切にしてきた言葉です。

正確に言うと「想い願うことは行動すればやがて実現する」ということなのですが、シンプルに表現すれば「想いが叶う」ということです。

まず「想う」こと。これは思うよりも深く、「映像化されたイマジネーション」のことです。

ありありと明瞭なイメージを潜在意識に行き渡らせるのです。

「願う」は「祈り」に通じるもので、イマジネーションとメッセージを自身の潜在意識の奥に届ける行為です。

そして「やがて」にも意味があります。

これは「想いが叶う」には多くのプロセスが存在し、すぐに叶うこともあれば、長い時間を必要とするものもあるのです。
人生は一度きりです。人間に生まれた奇跡を存分に楽しみながら、この稀有《けう》なドラマの主人公として、精一杯生きていただきたい、そのためのコンテンツとしてピーチスノウがお役に立つことを願っています。

最後に私が大学生の頃、まだ寮歌が盛んに歌われていた時代です。旧制高校の寮で、寮歌の巻頭言が私の人生に勇気を与えてくれました。それを皆さんにお伝えして結びとさせて頂きます。

「感激あれ若人《わこうど》よ、感激なき人生は空虚なり、汝《なんじ》らが前に高く高く理想を掲げよ。さすれば道は坦々として汝らが前に開けん。ただ歩めば至る。」

〖参考文献〗

『新推命学』
増永篤彦 著／東洋書院

『四柱推命実戦活用大辞典』
石井個性學研究所 著／JICC出版局

『個性學 小冊子』
日本個性學研究所

『生命とリズム』
三木成夫 著／河出文庫

『死は存在しない』
田坂広志 著／光文社新書

『「私」という男の生涯』
石原慎太郎 著／幻冬舎文庫

『胎内記憶が教えてくれた
この世に生まれてきた大切な理由』
池川 明 著／青春出版社

『日本タレント名鑑（2024）』
VIPタイムズ社

『文藝年鑑2020』
公益社団法人 日本文藝家協会 編　新潮社

プロ野球選手
通算100本以上のホームランバッター244名

	選手名	最終所属	本塁打	生年月日	スノウカラー
1	松井　秀喜	日米通算	507	1974/6/12	P
2	大島　康徳	日本ハム	382	1950/10/16	P
3	城島　健司	日米通算	292	1976/6/8	P
4	イチロー	日米通算	235	1973/10/22	P
5	杉浦　享	ヤクルト	224	1952/6/8	P
6	杉山　悟	近鉄	209	1926/1/1	P
7	福本　豊	阪急	208	1947/11/7	P
8	多村　仁志	中日	195	1977/3/28	P
9	村上　宗隆	ヤクルト	191	2000/2/2	P
10	佐々木　誠	阪神	170	1965/10/3	P
11	森野　将彦	中日	165	1978/7/28	P
12	高橋　慶彦	阪神	163	1957/3/13	P
13	井上　弘昭	西武	155	1944/5/21	P
14	栗原　健太	楽天	153	1982/1/8	P
15	大和田　明	南海	147	1934/3/21	P
16	藤井　勇	大洋	146	1916/10/20	P
17	サブロー（大村三郎）	ロッテ	127	1976/6/1	P
18	高橋　智	ヤクルト	124	1967/1/26	P
19	西園寺　昭夫	ヤクルト	117	1937/10/31	P
20	飯島　滋弥	南海	115	1918/10/11	P
21	愛甲　猛	中日	108	1962/8/15	P
22	野村　克也	西武	657	1935/6/29	T
23	張本　勲	ロッテ	504	1940/6/19	T
24	松原　誠	巨人	331	1944/1/13	T
25	新井　貴浩	広島	319	1977/1/30	T
26	山田　哲人	ヤクルト	285	1992/7/16	T
27	鈴木　誠也	日米通算	216	1994/8/18	T
28	栗橋　茂	近鉄	215	1951/8/10	T
29	基　満男	大洋	189	1946/11/10	T
30	鈴木　健	ヤクルト	189	1970/1/13	T
31	青木　宣親	ヤクルト	178	1982/1/5	T
32	伊東　勤	西武	156	1962/8/29	T
33	吉永　幸一郎	巨人	153	1969/5/1	T
34	佐野　仙好	阪神	144	1951/8/27	T

	選手名	最終所属	本塁打	生年月日	スノウカラー
35	谷　佳知	オリックス	133	1973/2/9	T
36	畠山　和洋	ヤクルト	128	1982/9/13	T
37	八木　裕	阪神	126	1965/6/8	T
38	嶋　重宣	西武	126	1976/6/16	T
39	梨田　昌孝	近鉄	113	1953/8/4	T
40	田淵　幸一	西武	474	1946/9/24	YG
41	秋山　幸二	福岡ダイエー	437	1962/4/6	YG
42	丸　佳浩	巨人	269	1989/4/11	YG
43	岡田　彰布	オリックス	247	1957/11/25	YG
44	羽田　耕一	近鉄	225	1953/6/19	YG
45	川上　哲治	巨人	181	1920/3/23	YG
46	長野　久義	巨人	163	1984/12/6	YG
47	石井　浩郎	横浜	162	1964/6/21	YG
48	興津　立雄	広島	145	1936/5/19	YG
49	中　利夫	中日	139	1936/4/28	YG
50	宮崎　敏郎	DeNA	138	1988/12/12	YG
51	中村　武志	楽天	137	1967/3/17	YG
52	高井　保弘	阪急	130	1945/2/1	YG
53	秋山　翔吾	広島	125	1988/4/16	YG
54	毒島　章一	東映	122	1936/1/14	YG
55	長内　孝	横浜	104	1957/8/30	YG
56	金城　龍彦	巨人	104	1976/7/27	YG
57	山本　浩二	広島	536	1946/10/25	O
58	衣笠　祥雄	広島	504	1947/1/18	O
59	金本　知憲	阪神	476	1968/4/3	O
60	長嶋　茂雄	巨人	444	1936/2/20	O
61	小久保　裕紀	ソフトバンク	413	1971/10/8	O
62	江藤　慎一	ロッテ	367	1937/10/6	O
63	加藤　英司	南海	347	1948/5/24	O
64	広澤　克実	阪神	306	1962/4/10	O
65	坂本　勇人	巨人	288	1988/12/14	O
66	木俣　達彦	中日	285	1944/7/7	O
67	田代　富雄	大洋	278	1954/7/9	O
68	石嶺　和彦	阪神	269	1961/1/10	O
69	稲葉　篤紀	日本ハム	261	1972/8/3	O
70	柳田　悠岐	ソフトバンク	260	1988/10/9	O

	選手名	最終所属	本塁打	生年月日	スノウカラー
71	高木　守道	中日	236	1941/7/17	O
72	若松　勉	ヤクルト	220	1947/4/17	O
73	山川　穂高	ソフトバンク	218	1991/11/23	O
74	立浪　和義	中日	171	1969/8/19	O
75	関口　清治	阪急	166	1925/10/9	O
76	佐藤　孝夫	国鉄	150	1931/8/10	O
77	吉田　正尚	日米通算	148	1993/7/15	O
78	町田　行彦	巨人	129	1934/3/8	O
79	山倉　和博	巨人	113	1955/9/2	O
80	井上　登	中日	111	1934/5/26	O
81	里崎　智也	ロッテ	108	1976/5/20	O
82	長嶋　清幸	阪神	107	1961/11/12	O
83	掛布　雅之	阪神	349	1955/5/9	RO
84	池山　隆寛	ヤクルト	304	1965/12/17	RO
85	松田　宣浩	巨人	301	1983/5/17	RO
86	前田　智徳	広島	295	1971/6/14	RO
87	真弓　明信	阪神	292	1953/7/12	RO
88	山崎　裕之	西武	270	1946/12/22	RO
89	青田　昇	阪急	265	1924/11/22	RO
90	二岡　智宏	日本ハム	173	1976/4/29	RO
91	田尾　安志	阪神	149	1954/1/8	RO
92	大石　大二郎	近鉄	148	1958/10/20	RO
93	有田　修三	ダイエー	128	1951/9/27	RO
94	河埜　和正	巨人	115	1951/11/7	RO
95	山内　一弘	広島	396	1932/5/1	Y
96	宇野　勝	ロッテ	338	1958/5/30	Y
97	福留　孝介	日米通算	327	1977/4/26	Y
98	大豊　泰昭	中日	277	1963/11/15	Y
99	豊田　泰光	国鉄	263	1935/2/12	Y
100	中西　太	西鉄	244	1933/4/11	Y
101	小鶴　誠	広島	230	1922/12/17	Y
102	岩村　明憲	日米通算	209	1979/2/9	Y
103	簑田　浩二	巨人	204	1952/3/11	Y
104	内川　聖一	ヤクルト	196	1982/8/4	Y
105	堀　幸一	ロッテ	183	1969/4/2	Y
106	中畑　清	巨人	171	1954/1/6	Y

	選手名	最終所属	本塁打	生年月日	スノウカラー
107	高倉　照幸	ヤクルト	168	1934/12/8	Y
108	佐伯　貴弘	中日	156	1970/4/18	Y
109	別当　薫	毎日	155	1920/8/23	Y
110	仁志　敏久	横浜	154	1971/10/4	Y
111	三村　敏之	広島	149	1948/9/19	Y
112	杉浦　清	国鉄	125	1914/7/20	Y
113	江尻　亮	大洋	116	1943/1/10	Y
114	山本　八郎	サンケイ	113	1937/9/17	Y
115	中尾　孝義	西武	109	1956/2/16	Y
116	福島　久晃	広島	107	1947/4/10	Y
117	水上　善雄	ダイエー	105	1957/8/9	Y
118	清原　和博	オリックス	525	1967/8/18	I
119	中村　紀洋	横浜DeNA	404	1973/7/24	I
120	長池　徳士	阪急	338	1944/2/21	I
121	榎本　喜八	西鉄	246	1936/12/5	I
122	初芝　清	ロッテ	232	1967/2/26	I
123	中島　宏之	中日	209	1982/7/31	I
124	駒田　徳広	横浜	195	1962/9/14	I
125	飯田　徳治	国鉄	183	1924/4/6	I
126	山本　一義	広島	171	1938/7/22	I
127	吉岡　雄二	楽天	131	1971/7/29	I
128	梶谷　隆幸	巨人	125	1988/8/28	I
129	今岡　誠	ロッテ	122	1974/9/11	I
130	前田　益穂	ロッテ	117	1939/5/24	I
131	末次　利光	巨人	107	1942/3/2	I
132	藤本　博史	オリックス	105	1963/11/8	I
133	王　貞治	巨人	868	1940/5/20	BG
134	中田　翔	中日	303	1989/4/22	BG
135	田中　幸雄	日本ハム	287	1967/12/14	BG
136	藤井　康雄	オリックス	282	1962/7/7	BG
137	緒方　孝市	広島	241	1968/12/25	BG
138	新庄　剛志	日米通算	225	1972/1/28	BG
139	松永　浩美	ダイエー	203	1960/9/27	BG
140	大下　弘	西鉄	201	1922/12/15	BG
141	山本　和範	近鉄	175	1957/10/18	BG
142	小早川　毅彦	ヤクルト	171	1961/11/15	BG

	選手名	最終所属	本塁打	生年月日	スノウカラー
143	中田　昌宏	阪急	154	1935/2/22	BG
144	村上　嵩幸	西武	147	1965/8/26	BG
145	小玉　明利	阪神	130	1935/6/10	BG
146	岡本　伊三美	南海	125	1931/2/26	BG
147	垣内　哲也	ロッテ	110	1970/6/6	BG
148	永淵　洋三	日本ハム	109	1942/5/4	BG
149	富田　勝	中日	107	1946/10/11	BG
150	船田　和英	ヤクルト	105	1942/5/5	BG
151	北川　博敏	オリックス	102	1972/5/27	BG
152	大熊　忠義	阪急	101	1943/9/8	BG
153	亀井　善行	巨人	101	1982/7/28	BG
154	三宅　伸和	阪神	100	1934/4/5	BG
155	和田 博実	西鉄	100	1937/3/26	BG
156	小川　博文	横浜	100	1967/3/6	BG
157	江藤　智	西武	364	1970/4/15	B
158	有藤　道世	ロッテ	348	1946/12/17	B
159	谷沢　健一	中日	273	1947/9/22	B
160	藤田　平	阪神	207	1947/10/19	B
161	糸井　嘉男	阪神	171	1981/7/31	B
162	鈴木　尚典	横浜	146	1972/4/10	B
163	山下　大輔	大洋	129	1952/3/5	B
164	森　友哉	オリックス	120	1995/8/8	B
165	加藤　俊夫	大洋	116	1948/1/20	B
166	矢野　燿大	阪神	112	1968/12/6	B
167	大杉　勝男	ヤクルト	486	1945/3/5	M
168	松中　信彦	ソフトバンク	352	1973/12/26	M
169	高橋　由伸	巨人	321	1975/4/3	M
170	井口　資仁	日米通算	295	1974/12/4	M
171	水谷　実雄	阪急	244	1947/11/19	M
172	松井　稼頭央	日米通算	233	1975/10/23	M
173	西沢　道夫	中日	212	1921/9/1	M
174	柴田　勲	巨人	194	1944/2/8	M
175	鈴木　貴久	近鉄	192	1963/11/20	M
176	藤井　弘	広島	177	1935/9/29	M
177	片平　晋作	大洋	176	1949/8/5	M
178	片岡　篤史	阪神	164	1969/6/27	M

	選手名	最終所属	本塁打	生年月日	スノウカラー
179	小川　亨	近鉄	162	1945/8/1	M
180	伊藤　勲	南海	152	1942/5/14	M
181	森本　潔	中日	146	1942/4/13	M
182	長崎　啓二	阪神	146	1950/5/13	M
183	吉村　裕基	ソフトバンク	131	1984/6/14	M
184	金村　義明	西武	127	1963/8/27	M
185	東田　正義	阪神	123	1945/8/1	M
186	大山　悠輔	阪神	123	1994/12/19	M
187	藤本　勝巳	阪神	113	1937/8/8	M
188	田村　藤夫	ダイエー	110	1959/10/24	M
189	吉田　勝豊	西鉄	105	1935/3/21	M
190	小池　兼司	南海	104	1939/2/5	M
191	高木　由一	大洋	102	1949/3/13	M
192	門田　博光	福岡ダイエー	567	1948/2/26	R
193	落合　博満	日本ハム	510	1953/12/9	R
194	中村　剛也	西武	471	1983/8/15	R
195	土井　正博	西武	465	1943/12/8	R
196	山﨑　武司	中日	403	1968/11/7	R
197	原　辰徳	巨人	382	1958/7/22	R
198	小笠原　道大	中日	378	1973/10/25	R
199	村田　修一	巨人	360	1980/12/28	R
200	和田　一浩	中日	319	1972/6/19	R
201	浅村　栄斗	楽天	283	1990/11/12	R
202	谷繁　元信	中日	229	1970/12/21	R
203	筒香　嘉智	日米通算	223	1991/11/26	R
204	T-岡田	オリックス	204	1988/2/9	R
205	古屋　英夫	阪神	180	1955/8/1	R
206	大田　卓司	西武	171	1951/3/1	R
207	野村　謙二郎	広島	169	1966/9/19	R
208	池辺　豪則	近鉄	156	1944/1/18	R
209	吉村　禎章	巨人	149	1963/4/27	R
210	高田　繁	巨人	139	1945/7/24	R
211	鳥谷　敬	ロッテ	138	1981/6/26	R
212	遠井　吾郎	阪神	137	1939/12/4	R
213	広瀬　叔功	南海	131	1936/8/27	R
214	栗山　巧	西武	127	1983/9/3	R

	選手名	最終所属	本塁打	生年月日	スノウカラー
215	菊池　涼介	広島	122	1990/3/11	R
216	淡口　憲治	近鉄	118	1952/4/5	R
217	福浦　和也	ロッテ	118	1975/12/14	R
218	広岡　達朗	巨人	117	1932/2/9	R
219	田宮　謙次郎	大毎	106	1928/2/11	R
220	進藤　達哉	オリックス	104	1970/1/14	R
221	阿部　慎之助	巨人	406	1979/3/20	G
222	石毛　宏典	福岡ダイエー	236	1956/9/22	G
223	柏原　純一	阪神	232	1952/6/15	G
224	島谷　金二	阪急	229	1945/1/23	G
225	藤村　富美男	大阪	224	1916/8/14	G
226	桑田　武	ヤクルト	223	1937/1/5	G
227	大谷　翔平	日米通算	219	1994/7/5	G
228	古田　敦也	ヤクルト	217	1965/8/6	G
229	竹之内　雅史	阪神	216	1945/3/15	G
230	岡本　和真	巨人	206	1996/6/30	G
231	森　徹	東京	189	1935/11/3	G
232	葛城　隆雄	阪神	174	1936/12/21	G
233	桧山　進次郎	阪神	159	1969/7/1	G
234	清水　崇行	西武	131	1973/10/23	G
235	角　富士夫	ヤクルト	128	1956/5/31	G
236	岩本　義行	東映	123	1912/3/11	G
237	近藤　和彦	近鉄	109	1936/3/2	G
238	今江　敏晃	楽天	108	1983/8/26	G
239	平野　光泰	近鉄	107	1949/4/23	G
240	佐々木　恭介	近鉄	105	1949/12/28	G
241	平田　良介	中日	105	1988/3/23	G
242	島内　宏明	楽天	104	1990/2/2	G
243	八重樫　幸雄	ヤクルト	103	1951/6/15	G
244	石井　琢朗	広島	102	1970/8/25	G

※本塁打数は2023年シーズン終了時点
※最終所属：現役は現在の所属、引退選手は最終所属、または日米通算

小説家186名

	氏名	生年月日	スノウカラー
1	赤川　次郎	1948/2/29	P
2	池井戸 潤	1963/6/16	P
3	石川　好	1947/1/5	P
4	宇野 千代	1897/11/28	P
5	内田　康夫	1934/11/15	P
6	安部　公房	1924/3/7	P
7	早乙女　貢	1926/1/1	P
8	堺屋　太一	1935/7/13	P
9	城山　三郎	1927/8/18	P
10	谷崎 潤一郎	1886/7/24	P
11	宮部　みゆき	1960/12/23	P
12	羽田　圭介	1985/10/19	P
13	唐　十郎	1940/2/11	P
14	朝井　リョウ	1989/5/31	P
15	浅田　次郎	1951/12/13	T
16	井沢　元彦	1954/2/1	T
17	遠藤　周作	1923/3/27	T
18	岡本 かの子	1889/3/1	T
19	庄司　薫	1937/4/19	T
20	高村　薫	1953/2/6	T
21	林 芙美子	1903/12/31	T
22	林　真理子	1954/4/1	T
23	舟橋 聖一	1904/12/25	T
24	夏樹　静子	1938/12/21	T
25	野坂　昭如	1930/10/10	T
26	山本 有三	1887/7/27	T
27	和辻 哲郎	1889/3/1	T
28	海音寺　潮五郎	1901/11/5	T
29	朝吹　真理子	1984/12/19	T
30	今東　光	1898/3/26	T
31	佐藤　愛子	1923/11/5	T
32	尾崎 紅葉	1868/1/10	YG
33	北　杜夫	1927/5/1	YG
34	桐野　夏生	1951/10/7	YG
35	栗本　薫	1953/2/13	YG
36	黒岩　重吾	1924/2/25	YG
37	塩野　七生	1937/7/7	YG
38	志賀 直哉	1883/2/20	YG
39	火野 葦平	1907/1/25	YG
40	三浦　朱門	1926/1/12	YG
41	村上　龍	1952/2/19	YG
42	夢枕　獏	1951/1/1	YG
43	よしもと　ばなな	1964/7/24	YG
44	山崎　豊子	1924/1/2	YG
45	大沢　在昌	1956/3/8	YG
46	柴田　翔	1935/1/19	YG
47	胡桃沢　耕史	1925/4/26	YG
48	井伏 鱒二	1898/2/15	O
49	北方　謙三	1947/10/26	O
50	国木田 独歩	1871/8/30	O
51	坂口 安吾	1906/10/20	O
52	椎名　誠	1944/6/14	O
53	田中　康夫	1956/4/12	O
54	田辺　聖子	1928/3/27	O
55	檀　一雄	1912/2/3	O
56	ねじめ　正一	1948/6/16	O
57	橋本　治	1948/3/25	O
58	花村　萬月	1955/2/5	O
59	半村　良	1933/10/27	O
60	樋口 一葉	1872/5/2	O

	氏名	生年月日	スノウカラー
61	宮尾 登美子	1926/4/13	O
62	室井　佑月	1970/2/27	O
63	山口　洋子	1937/5/10	O
64	山田　風太郎	1922/1/4	O
65	松本　清張	1909/2/12	O
66	佐木　隆三	1937/4/15	O
67	なかにし　礼	1938/9/2	O
68	色川　武大	1929/3/28	O
69	宇能　鴻一郎	1934/7/25	O
70	眉村　卓	1934/10/20	RO
71	壺井 栄	1899/8/5	RO
72	三浦　哲郎	1931/3/16	RO
73	大江　健三郎	1935/1/31	Y
74	折口 信夫	1887/2/11	Y
75	金原　ひとみ	1983/8/8	Y
76	川端 康成	1899/6/14	Y
77	小池　真理子	1952/10/28	Y
78	高杉　良	1939/1/25	Y
79	立松　和平	1947/12/15	Y
80	田山 花袋	1872/1/22	Y
81	辻　仁成	1959/10/4	Y
82	西村　京太郎	1930/9/6	Y
83	新田　次郎	1912/6/6	Y
84	水上　勉	1919/3/8	Y
85	三好 達治	1900/8/23	Y
86	森村　誠一	1933/1/2	Y
87	吉行　淳之介	1924/4/13	Y
88	阿川　弘之	1920/12/24	Y
89	新井　素子	1960/8/8	Y
90	尾辻　克彦	1937/3/27	Y
91	三好 徹	1931/1/7	Y

	氏名	生年月日	スノウカラー
92	高樹　のぶ子	1946/4/9	Y
93	カズオ　イシグロ	1954/11/8	Y
94	泉 鏡花	1873/11/4	I
95	井上 靖	1907/5/6	I
96	開高　健	1930/12/30	I
97	永井 荷風	1879/12/3	I
98	永井　路子	1925/3/31	I
99	夏目 漱石	1867/2/9	I
100	野上 弥生子	1885/5/6	I
101	深沢　七郎	1914/1/29	I
102	山田　詠美	1959/2/8	I
103	百田　尚樹	1956/2/23	I
104	安岡 章太郎	1920/4/18	BG
105	大藪 春彦	1935/2/22	BG
106	小林　多喜二	1903/12/1	BG
107	五味　康祐	1921/12/20	BG
108	笹沢　左保	1930/11/15	BG
109	沢木　耕太郎	1947/11/29	BG
110	司馬　遼太郎	1923/8/7	BG
111	高橋　和巳	1931/8/31	BG
112	東野　圭吾	1958/2/4	BG
113	三浦　綾子	1922/4/25	BG
114	宮沢 賢治	1896/8/27	BG
115	宮本 百合子	1899/2/13	BG
116	柳　美里	1968/6/22	BG
117	山村　美紗	1931/8/25	BG
118	吉永　みち子	1950/3/12	BG
119	渡辺　淳一	1933/10/24	BG
120	又吉　直樹	1980/6/2	BG
121	坂東　眞砂子	1958/3/30	BG
122	高橋　克彦	1947/8/6	BG

	氏名	生年月日	スノウカラー
123	大庭　みな子	1930/11/11	B
124	角田　光代	1967/3/8	B
125	島崎　藤村	1872/3/25	B
126	太宰 治	1909/6/19	B
127	福永　武彦	1918/3/19	B
128	綿矢　りさ	1984/2/1	B
129	菊池 寛	1888/12/26	B
130	安部　譲二	1937/5/17	B
131	池田　満寿夫	1934/2/23	B
132	源氏　鶏太	1912/4/19	B
133	江戸川 乱歩	1894/10/21	M
134	大下　英治	1944/6/7	M
135	志茂田　景樹	1940/3/25	M
136	清水　一行	1931/1/12	M
137	つか　こうへい	1948/4/24	M
138	津本　陽	1929/3/23	M
139	中上　健次	1946/8/2	M
140	中島　らも	1952/4/3	M
141	村上　春樹	1949/1/12	M
142	森鷗外	1862/2/17	M
143	山口　瞳	1926/1/19	M
144	横光 利一	1898/3/17	M
145	李　恢成	1935/2/26	M
146	川口　松太郎	1899/10/1	M
147	柴田　錬三郎	1917/3/26	M
148	石川　達三	1905/7/2	M
149	尾崎　一雄	1899/12/25	M
150	青島　幸男	1932/7/17	M
151	有島 武郎	1878/3/4	R
152	有吉　佐和子	1931/1/20	R
153	伊集院　静	1950/2/9	R
154	五木　寛之	1932/9/30	R
155	曽野　綾子	1931/9/17	R
156	大佛 次郎	1897/10/9	R
157	中村　うさぎ	1958/2/27	R
158	平岩　弓枝	1932/3/15	R
159	藤沢　周平	1927/12/26	R
160	柳田 國男	1875/7/31	R
161	山本 周五郎	1903/6/22	R
162	吉川 英治	1892/8/11	R
163	石原　慎太郎	1932/9/30	R
164	戸川　昌子	1931/3/23	G
165	芥川 龍之介	1892/3/1	G
166	荒俣　宏	1947/7/12	G
167	池波　正太郎	1923/1/25	G
168	井上　ひさし	1934/11/17	G
169	内館　牧子	1948/9/10	G
170	小松　左京	1931/1/28	G
171	佐伯　泰英	1942/2/14	G
172	瀬戸内　寂聴	1922/5/15	G
173	高橋　三千綱	1948/1/5	G
174	筒井　康隆	1934/9/24	G
175	童門　冬二	1927/10/19	G
176	藤本　義一	1933/1/26	G
177	星　新一	1926/9/6	G
178	村松　友視	1940/4/10	G
179	丸谷　才一	1925/8/27	G
180	三島　由紀夫	1925/1/14	G
181	向田　邦子	1929/11/28	G
182	阿刀田　高	1935/1/13	G
183	西村　賢太	1967/7/12	G
184	景山　民夫	1947/3/20	G
185	北村　薫	1949/12/28	G
186	今村　翔吾	1984/6/18	G

有名司会者135人

	氏名	生年月日	スノウカラー
1	岡村　隆史	1970/7/3	P
2	榊原　郁恵	1959/5/8	P
3	島田　紳助	1956/3/24	P
4	マツコ・デラックス	1972/10/26	P
5	松本 潤	1983/8/30	P
6	後藤 輝基	1974/6/18	P
7	若林 正恭	1978/9/20	P
8	生島　ヒロシ	1950/12/24	T
9	池上　彰	1950/8/9	T
10	石坂　浩二	1941/6/20	T
11	石橋　貴明	1961/10/22	T
12	うつみ　宮土理	1942/10/1	T
13	小川　宏	1926/4/17	T
14	金原　二郎	1932/2/2	T
15	香取　慎吾	1977/1/31	T
16	小島　一慶	1944/10/2	T
17	玉置　宏	1934/1/5	T
18	所ジョージ	1955/1/26	T
19	永井　美奈子	1965/6/14	T
20	西田　敏行	1947/11/4	T
21	久本　雅美	1958/7/9	T
22	三木　鮎郎	1924/6/26	T
23	水の江　瀧子	1915/2/20	T
24	上田 晋也	1970/5/7	T
25	二宮 和也	1983/6/17	T
26	鈴木　杏樹	1969/9/23	YG
27	八木　治郎	1925/4/20	YG
28	田村　淳	1973/12/4	YG
29	川島　明	1979/2/3	YG
30	富澤　たけし	1974/4/30	YG
31	上岡　龍太郎	1942/3/20	O
32	児玉　清	1933/12/26	O
33	笑福亭鶴瓶	1951/12/23	O
34	関口　宏	1943/7/13	O
35	せんだみつお	1947/7/29	O
36	高島　忠夫	1930/7/27	O
37	土居　まさる	1940/8/22	O
38	板東　英二	1940/4/5	O
39	ビートたけし	1947/1/18	O
40	古舘　伊知郎	1954/12/7	O
41	前田　武彦	1929/4/3	O
42	松本　明子	1966/4/8	O
43	三波　伸介	1930/6/28	O
44	三宅　裕司	1951/5/3	O
45	薬丸　裕英	1966/2/19	O
46	山田　邦子	1960/6/13	O
47	有吉 弘行	1974/5/31	O
48	村上 信五	1982/1/26	O
49	伊達　みきお	1974/9/5	O
50	内村　光良	1964/7/22	O
51	バカリズム	1975/11/28	O
52	東　ちづる	1960/6/5	RO
53	片岡　鶴太郎	1954/12/21	RO
54	木佐　彩子	1971/5/26	RO
55	筑紫　哲也	1935/6/23	RO
56	中井　美穂	1965/3/11	RO
57	峰　竜太	1952/2/29	RO
58	堺　正章	1946/6/6	RO
59	田中　裕二	1965/1/10	RO
60	日村　勇紀	1972/5/14	RO

	氏名	生年月日	スノウカラー
61	阿川　佐和子	1953/11/1	Y
62	逸見　政孝	1945/2/16	Y
63	岡江　久美子	1956/8/23	Y
64	桂　小金治	1926/10/6	Y
65	川崎　敬三	1933/7/1	Y
66	黒柳　徹子	1933/8/9	Y
67	研　ナオコ	1953/7/7	Y
68	鈴木　健二	1929/1/23	Y
69	高橋　圭三	1918/9/9	Y
70	高島　彩	1979/2/18	Y
71	田原　総一郎	1934/4/15	Y
72	堂本　光一	1979/1/1	Y
73	堂本　剛	1979/4/10	Y
74	宮田　輝	1921/12/25	Y
75	やしきたかじん	1949/10/5	Y
76	有田　哲平	1971/2/3	Y
77	柴田 英嗣	1975/7/15	Y
78	麻木　久仁子	1962/11/12	I
79	笑福亭仁鶴(三代目)	1937/1/28	I
80	萩本　欽一	1941/5/7	I
81	福澤　朗	1963/9/14	I
82	浜田 雅功	1963/5/11	I
83	松本 人志	1963/9/8	I
84	明石家さんま	1955/7/1	BG
85	大竹　まこと	1949/5/22	BG
86	桂　文珍	1948/12/10	BG
87	木梨　憲武	1962/3/9	BG
88	草野　仁	1944/2/24	BG
89	楠田 枝里子	1952/1/12	BG
90	小堺　一機	1956/1/3	BG
91	タモリ	1945/8/22	BG

	氏名	生年月日	スノウカラー
92	みのもんた	1944/8/22	BG
93	森本 毅郎	1939/9/18	BG
94	山城　新伍	1938/11/10	BG
95	安住 紳一郎	1973/8/3	B
96	井上　順	1947/2/21	B
97	今田　耕司	1966/3/13	B
98	上沼恵美子	1955/4/13	B
99	加藤　浩次	1969/4/26	B
100	小倉　智昭	1947/5/25	B
101	関根　勤	1953/8/21	B
102	徳光　和夫	1941/3/3	B
103	東野　幸治	1967/8/8	B
104	恵　俊彰	1964/12/21	B
105	山瀬　まみ	1969/10/2	B
106	山崎 弘也	1976/1/14	B
107	愛川　欽也	1934/6/25	M
108	伊東　四朗	1937/6/15	M
109	有働　由美子	1969/3/22	M
110	久米　宏	1944/7/14	M
111	柴田　理恵	1959/1/14	M
112	中山 秀征	1967/7/31	M
113	羽鳥　慎一	1971/3/24	M
114	星野　知子	1957/10/3	M
115	櫻井 翔	1982/1/25	M
116	太田　光	1965/5/13	M
117	坂上 忍	1967/6/1	M
118	押阪　忍	1935/2/28	R
119	桂　米朝(三代目)	1925/11/6	R
120	桂　文枝(六代目)	1943/7/16	R
121	木島　則夫	1925/5/10	R
122	高田　純次	1947/1/21	R

	氏名	生年月日	スノウカラー
123	中居　正広	1972/8/18	R
124	福留　功男	1942/1/28	R
125	宮根　誠司	1963/4/27	R
126	矢部　浩之	1971/10/23	R
127	相葉 雅紀	1982/12/24	R
128	谷原 章介	1972/7/8	R
129	大橋　巨泉	1934/3/22	G
130	露木　茂	1940/12/6	G
131	浜村　淳	1935/1/10	G
132	三雲　孝江	1954/4/12	G
133	設楽　統	1973/4/23	G
134	南原　清隆	1965/2/13	G
135	濱家 隆一	1983/11/6	G

ピーチスノウの記号対照表

★スノウカラー

P＝パープル（紫）
T＝ターコイズ（緑青）
YG＝イエローグリーン（黄緑）
O＝オレンジ（橙）
RO＝レッドオレンジ（赤橙）
Y＝イエロー（黄）
I＝インディゴ（青紫）
BG＝ブルーグリーン（青緑）
B＝ブルー（青）
M＝マゼンタ（赤紫）
R＝レッド（赤）
G＝グリーン（緑）

★ピーチコア

木 ＝ Tree ＝ T^+ストレート　T^- ソフト
火 ＝ Fire ＝ F^+ピース　F^- ロマン
土 ＝ Earth ＝ E^+ヒューマン　E^- リアル
金 ＝ Metal ＝ M^+パワフル　M^- プライド
水 ＝ Water ＝ W^+ダイナミック　W^- ロジカル

〈著者紹介〉

片塚ⓓ愛意（かたずかⓓあいい）

一般社団法人日本ピーチスノウ協会会長。長年の経営経験から人生の幸せと不幸、事業の成功と失敗に「運」の要素が強く絡んでいることを感じ、そのメカニズムの解明に取り組んできた。また、誕生日から導き出される人の「個性」と「才能」について、推測統計学的なアプローチから検証を加え、その神秘的な真実性を追求している。「個性の本質と心の色」を知るための新しいコンテンツ、ピーチスノウ開発者。

一般社団法人日本ピーチスノウ協会
〒732-0051
広島県広島市東区光が丘 11-10 MYKITT Bldg.

誕生日が教えるあなたの天命

令和六年 九 月三十日第一刷発行
令和六年十二月 十 日第二刷発行

著　者　片塚ⓓ愛意
発行者　藤尾 秀昭
発行所　致知出版社
〒150-0001 東京都渋谷区神宮前四の二十四の九
TEL（〇三）三七九六―二一一一
印刷・製本　中央精版印刷
落丁・乱丁はお取替え致します。（検印廃止）

ISBN978－4－8009－1317－3 C0095
ホームページ　https://www.chichi.co.jp
E メール　books@chichi.co.jp

ブックデザイン―― TYPE FACE（渡邊 民人・谷関 笑子）